定年になった。

人生、寝る間もないほど面白い！

佐藤正和
ビジョンクエスト会長

風雲舎

定年になった。人生、寝る間もないほど面白い！

〈目次〉

【第二章】　ワーカホリックだった

【第三章】いま、青春する

【第四章】 世界が拓けていく

装幀――川畑　博昭
装画――江口　修平
イラスト――川村　康一
本文写真――落合　淳一

はじめに

ドアの鍵穴に鍵を挿れた瞬間に

あのとき、とても不思議な感覚に襲われた。

ドアの鍵穴に鍵をさし込もうとした、その瞬間のことである。いっさいの周囲の様子が私の視界から消え、そこには暗く深い洞穴のような鍵穴だけがあった。

それは、平成八年の一月三日のことだった。私はその五日前に還暦を迎えたばかりだ。つまり私の生年月日は、歳末もおしつまった十二月二十九日である。

サラリーマンとして勤めていた会社を退職後、私は不動産コンサルティング業を営んでいる。自営で仕事をするというのは、けっこう厳しいもので、大企業のように悠長に正月休みをとっているわけにはいかない。まだ正月三が日ではあったが、早めに仕事始めをと渋谷にある事務所に出向き、さてドアを開けようとした、まさにそのときのことである。

ピカッと光るような感覚があって、頭の中を何かがよぎった。

その不思議な感覚に戸惑ったが、洞穴に吸い込まれるように、鍵を鍵穴に挿《い》れた。

すると、パッと目の前が開けたようになって、そこに突然少年の頃のある一場面が浮かんできたではないか。

それは、高校に入学した昭和二十六年、学校での古文の授業の光景だった。野呂重行という先生が、しゃべっている。

——「源氏物語」ってのはな、平安時代に紫式部という女性が書いたもので、たいへんな長編物語だ。なにしろ五十四帖もあるからな。内容は、ドンファンの「光源氏」の恋遍歴の物語なんだ。この光源氏って男はけしからん奴で、父帝の后《きさき》つまり自分の継母とだな、密通したりするんだ。あきれた奴だよ。彼が恋した継母の名は「藤壺」っていうんだがな——

その高校とは新潟県立柏崎高等学校で、一年生になったばかりでまだチンプンカンプンの生徒たちに、古文の何たるかを教えるために野呂先生が古典の梗概《こうがい》を説明しているくだりだった。なぜか突然そのシーンが記憶の淵から蘇ったのである。

その一言一句を四十五年の時空を隔ててはっきり思い出したのには、我ながら驚いた。

これは、いったいどういうことなんだ。なぜ、そういうことを思い出したのだろう。

ああいう話で、あのとき先生は、たしか「昔から、いろいろな人が、いろいろな人生を送っている。お前たち、これからどういう人生を歩もうというのだ」という謎かけをしてくれたのではないかという気がする。

そう思い当たった途端、「お前は、いったい、いまどんな人生を送っているのか！」という先生の叱声が耳元で聞こえた気がして、思わず身震いした。

じつは、還暦を過ぎて初めて迎えた正月は、「俺の六十年の人生というのは、いったい何だったのだろう」と鬱々として過ごしていた、その直後のことだったのである。

古文の先生の叱声は、まるで天啓だった。そうだ、これではいかんと、すぐ次にとるべき行動を私は起こしていた。


もう間もなく二十一世紀、第二の人生に向かって……

ミレニアム二〇〇〇（平成十二）年の秋

佐藤正和

【第一章】あっ、俺は変わるぞ

よし、『源氏物語』に挑戦しよう

鍵穴から鍵を抜くのももどかしく、ドアを開けて事務所の玄関先に鞄を放り出すや、私は、渋谷駅の近くにある大盛堂書店まで急いだ。気分は、とても爽快だった。

その正月は、鬱々とした気分で過ごしていた。その何かもやもやとしたものが、晴れそうだった。あっ、俺は変わりそうだ、きっと変わるんだ、という予感のようなものが体の中を駆けめぐっていた。

早足が、そのうち駆け足となり、やがて脱兎のごとく走っていた。正月気分で華やいだ繁華街を、ずんぐりむっくりの還暦過ぎのおっさんが必死の形相で走っていたのだから、見られた光景ではなかったろう。

幸い、その日もう書店は開いていた。さっそく古典文学のコーナーに行って、源氏物語の現代語訳を探す。そう、私はとにかく源氏物語を読んでみようと心に決めていた。

源氏物語の現代語訳本は、けっこう多い。それもたいへんな長編だけに、たいてい何分冊にもなっている。意気込んだものの、あまりの冊数とボリュームに圧倒されて、ちょっと気持が萎えたのは、まだへっぺり腰だったせいか。

ままよと気をとりなおし、数ある中から一番ボリュームが少ない村上リウ女史の『源氏物語』

全三分冊を買い求めた。

さっそく事務所に戻って、読み始める。本当はやろうと思っていた仕事をほっぽりだして読み始めたのだが、もう止まらない。

まず「桐壺《きりつぼ》」と題する第一巻から読み始めて、勘違いに気づいた。蘇った野呂先生の文言は、つまり光源氏の継母「藤壺《ふじつぼ》」のことだったから、当然のごとく桐壺も女性だと独り合点して読み始めたのに、読み進めていけばわかるのだが、「桐壺」とは帝《みかど》のおわす部屋の意味だった。ようするに桐壺は、畏れ多くも男の帝のことを指す。

まるで笑い話である。野呂先生の梗概の一節こそ、録音テープを巻き戻して聴くように覚えていたが、その学んだはずの源氏物語の内容は、うろ覚えどころか、まったくといっていいほど脳裏に残っていない。

生き馬の目を刳り抜くような激烈なビジネス最前線で闘っているうち、そのビジネスに必要な知識のみがぎっしり脳に詰め込まれ、びっちり脳の網目に貼りついてしまったか。そのために、かつて教わり、たしか少しはかじったはずの源氏物語の中身が、すっかり抜け落ちてしまったらしい。

いきなり勘違いしたものの、その内容に、はまってしまった。

后《きさき》や女御《にょうご》に恵まれている帝だが、更衣《こうい》というから女御より下のさほど身分が高くない女性《にょしょう》を熱愛する。帝の寵愛を一身に受けた桐壺の更衣は、後宮の女官らから妬み嫉みの迫害、つまりは現代にも通じるいじめのかぎりを尽くされる。

うん、これは面白そうな話だぞ……。

桐壺の更衣は帝から淑景舎《しげいしゃ》という局《つぼね》（部屋）を賜るのだが、そこで玉のような皇子を産む。しかし更衣は、あまりの陰湿ないじめにノイローゼとなり、みまかってしまう。

その更衣が黄泉の世界に旅立ってしまったとき、皇子はまだ三歳だったが、やがて光り輝くような美しさの青年に成長した皇子の名が、光源氏。

「桐壺」の次の「帚木《ははきぎ》」の巻では、成人して葵上《あおいのうえ》という妻を娶った光源氏を含めて、上流階級の男たちが、女性談義をしている。

うん、うん、わかる、わかる、いや違う……などと、自分も参加したい気持になって、なお引き込まれる。

次が「空蝉《うつせみ》」の巻で、ここでは上流階級育ちの妻にあきたらず、まず中流階級の人妻に夜這いをかける。そして巻四の「夕顔」の中で、いよいよ野呂先生が憤慨した継母の藤壺への思慕の念が出てくる。というわけで、物語は佳境に入っていき、もう止まらない。

その日は、別な仕事をしようと心づもりしていた。しかし、それには手がつかない。夕方も遅くまで、一気に一冊目を読んでしまった。

そして家に帰ったのだが、夕食をすますと、すぐに書斎に籠もって二冊目を読みだした。それを読み終わったときには、夜も白々と明けかかっていた。

翌四日は、さすがに前日やろうとしていた仕事を処理しておかねばと事務所に出た。その仕事を早々に片づけ、さて開くは源氏物語の三冊目である。そして、その日のうちに読み終えた。帰り際、また大盛堂書店へ走るように出向いて、こんどは瀬戸内寂聴女史の『女人源氏物語』全五巻を買い求めた。これも、たちまち三日間で読破してしまった。なおこの時点では、のちに大ヒットした寂聴女史の労大作『源氏物語十巻』はまだ刊行されていない。

のめり込んでいった

ところで源氏物語については、一通り読破してみたものの、登場人物が多く、しかも複雑にからみあっていて、こんがらがる。

そこで、その人間関係を系図に整理してみることにした。王朝文学辞典を買い求めてきて、自分でサブノート「源氏物語系図」を作成した。人脈図である。そうすると、にわかに登場人物が生身を帯びてストーリーが際立ってきた。

さらに、たくさん出てくる御殿や局の位置関係も、参考書で図をコピーし、理解の一助とした。その図を見ていると、たとえば桐壺の更衣が淑景舎から清涼殿へ行く道のりは遠いことがわかる。その途上で汚物を撒かれたり、途中で扉に閉じ込められたり、いろいろな意地悪をされる余地が大いにあることが具体的にわかってくる。

光源氏のハーレムとなる六条院の想定図も手に入れたことで、その後のストーリー展開で出てくる、春の殿《との》や夏の殿、秋の殿、冬の殿の位置関係がわかり、情景を目の当たりにしている感覚で読み進むことができた。

さて光源氏は、心の内で継母の藤壺に女性の理想を見て思慕しつつ、とはいえ一度だけ想いを遂げるわけだが、鬱々としたまま、生来のドンファンぶりを発揮して数多くの女性と浮き名を流す。それら女性遍歴の背景に、摂関政治の権勢争いや帝のおわす内裏《だいり》での栄枯盛衰の模様や無常観が織りなされて、見事なまでにドラマティックなストーリー展開がなされるものだから、ぐいぐい読ませてしまう。

それにしても、この源氏物語の壮麗さは、どうだろう。洗練された文体で、随所に美しい和歌が散りばめられており、文章も艶っぽく流麗だ。即物的な性表現はないが、甘美な心理描写で人間の性《さが》にひそむエロスに訴えかけてくるようだ。

かつ、皇位継承の変転や政治力学、人間模様など、いろいろな状況に翻弄される一人の男の「生きる」という意味まで、考えさせてくれる。

この壮大なドラマが、いまから千年も前に書かれたとは、驚き入る。はるか後世に登場した

平安京内裏図

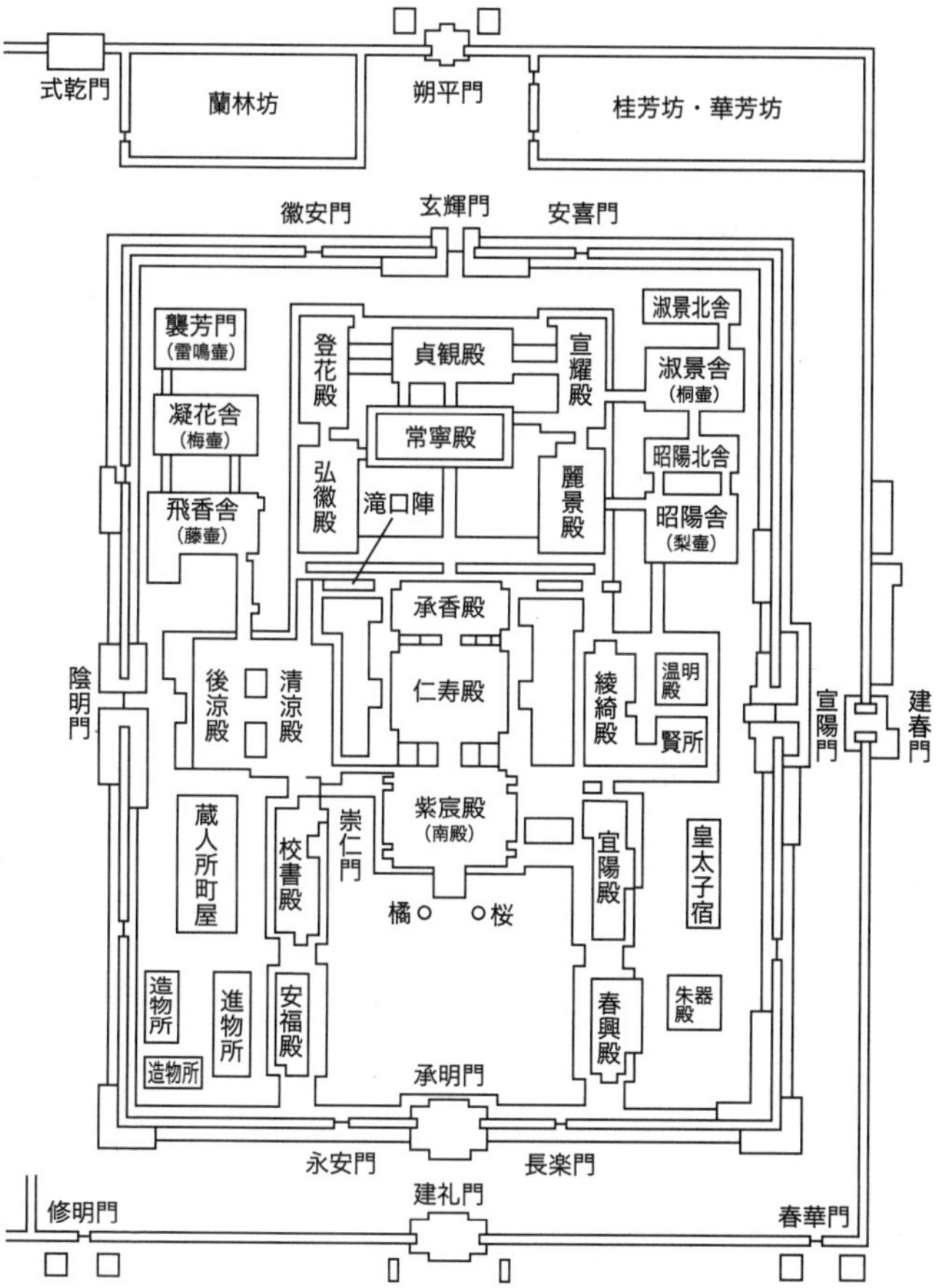

『源氏物語図典』（小学館）

宮殿の位置関係がわかると源氏物語のストーリーが具体的になった

英国の文豪シェークスピアについては、じつは英語が好きだった学生時代に原書で読んだことがあるが、それが小さく霞んでしまうような気がする。

この源氏物語の舞台となっている宇治の平等院や宇治上神社が世界遺産になっているが、私からすれば『源氏物語』そのものが世界遺産にしてよい文学作品ではないかと思うほどで、なぜもっと多くの日本人がこの偉大な小説を読まないのか不思議でならない。

いやいや他人のことをいう資格なぞ、ありはしない。なぜ自分は、もっと早く源氏物語を熟読玩味してこなかったのか、惜しい気がした。

ふーっと何度も大きく深呼吸した。どうしたのだろう。いったい、なぜ自分はこうして古典の名著に没入しているのだろう。しかも登場人物の人脈図を作ったり、いろいろ資料を当たって参考図を集めたり、何か取り憑かれたようになっている俺は何なのだろう。そんな自分の中の変化に戸惑った。

いま再び思春期が蘇った？

源氏物語を読むうちに、野呂先生に出会った少年時代のことが思い出されてきた。

高校時代の前の、中学校生活の日々まで思い出されてくる。私が柏崎市立第二中学校に入学したのは、昭和二十三年。その一年前には新学校制度に変わっていて、それは新制の中学だった。

しかし新学制がスタートして設けられた中学校の校舎は、元の農業学校を間に合わせに使ったもので、ほとんど廃屋も同然だった。入学したはいいが、早々から一年先輩と一緒になってオンボロ校舎の床にこびりついた泥や肥料滓などを剥がし取り、汚れきった壁や扉、ガラス窓などを拭き磨き、天井に貼り付いた煤《すす》や蜘蛛の巣を払い除けることに明け暮れた。全員で運動場の地面に鉄の重たいロールを引き回し、均《なら》すのも日課だった。

中学時代の思い出は、それくらいのものである。いや、もう一つ、国語と音楽を担当する先生が好きになった思い出もある。たしか師範学校を卒業して赴任してきたばかりで、その二十歳になるかならないかのうら若き女先生を好きになった。といっても、惚れたはれたというようなものではなく、まあ憧れである。

そういう思い出の一つや二つは、思春期の頃には誰だってあるだろう。そうこうするうちに、中学を卒業した。

進んだ新制柏崎高等学校は、旧制の県立柏崎中等学校が新制に改まったものである。そして、これも私たちが入学する一年前に改組されて、男女共学になっていた。一年先輩から何人かの女子生徒が入学し、私たちの学年にも三十人くらい女子がいた。

同校は旧制中学の格を引き継いで新潟県でも名門校と目され、入学してくる女子生徒は自他ともに才媛と認めるところだった。また私たちが一年生のときの最上級生は男子のみで、旧制中学の伝統もあって硬派の気風に満ちていたと思う。

男女の情愛に関する話題を口にする雰囲気がなかったし、そういう時代でもなかった。当時、なんとはなしに私は応援団の副団長にまつりあげられていて、一見したところ硬派タイプと思われていたようだが、じつは軟派タイプだったのかもしれない私にとって、つまりは息苦しい日々だった。

私は、思春期の若者だった。異性を意識しなかったといえば嘘になる。あれは高校三年の頃だったか、一年下の女生徒に淡い恋心を抱いたものだ。しかしそれはプラトニックで、ほろ苦さの記憶の断片だけが残っている。高校を卒業した年の夏に一度だけ誘って海水浴に行ったが、想いの丈《たけ》を伝えられる勇気なぞなく、その後は逢っていない。逢わないほうがよい。脳裏に浮かぶ彼女は、芳紀十七歳の美少女のままでいたほうがよい。

さて、そういう思春期の日々を送る生徒たちを前に、大胆にもドンファンの光源氏の女性遍歴や道ならぬ密通もふんだんにある源氏物語のことを平然と口にする野呂先生の講義は、私の思春期の性をくすぐったのだと思う。だからこそ、潜在意識に残っていたのかもしれない。

そうして平成八年正月三日に、事務所のドアの鍵穴に鍵を挿《い》れたその瞬間、射精するにも似た快感とともに野呂先生の講義の情景が蘇り、そして源氏物語に再び巡りあったというわけだ。

そして、その作者の紫式部は、すっかり私の愛《いと》しの女《ひと》になってしまった。

あれは要するに、還暦過ぎの私に、再び青春が蘇ろうとしていたのだと思う。

小石川後楽園で赤っ恥をかく

そうこうして、何かが私の心に火をつけたのだった。

一月が、二月になり、三月になった。源氏物語にのめり込み、そうして再び春が巡りきたように心も浮き浮きした私は、そろそろ陽春まっ盛りの小石川後楽園に出かけてみることにした。ここは旧水戸藩の中屋敷があったところで、枝垂れ桜が咲き誇り、春の花が咲き競っていた。

私の生まれたのは、同じく文京区でも駒込にある六義園《りくぎえん》の近くだ。六義園は柳沢吉保の下屋敷跡で、どちらかといえば静かに落ち着いた庭園である。その六義園ではなく小石川後楽園に足を向けたのは、意識したわけではないが、たぶん華やいだ風情のある後楽園のほうがその時の気分にマッチしていたのだろう。

そういえば源氏物語では、その巻名や登場人物のほとんどが、自然の動植物や風物から名づけられている。「空蝉《うつせみ》」「澪標《みおつくし》」「初音《はつね》」「胡蝶《こちょう》」「常夏《とこなつ》」「篝火《かがりび》」「行幸《みゆき》」「早蕨《さわらび》」「宿木《やどりぎ》」「蜻蛉《かげろう》」「夢浮橋《ゆめのうきはし》」などなど、なんともロマンチックなネーミングが続く。

やたらと草花や樹木の名前も出てくる。出だしの「桐壺」からしてそうだし、「夕顔《ゆうがお》」「若紫《わかむらさき》」「末摘花《すえつむはな》」「紅葉賀《もみじのが》」「花宴《はなのえん》」「葵《あおい》」「賢木《さかき》」「花散里《はなちるさと》」「蓬生《よもぎう》」「松風《まつかぜ》」「朝顔《あさがお》」「玉鬘《たまかずら》」「藤袴《ふじばかま》」「梅枝《うめがえ》」

「藤裏葉《ふじのうらば》」「若菜《わかな》」「紅梅《こうばい》」「椎本《しいがもと》」などと、風流そのものではないか。「蛍《ほたる》」「野分《のわき》」「横笛《よこぶえ》」「鈴虫《すずむし》」「雲隠《くもがくれ》」「東屋《あずまや》」「浮舟《うきふね》」という名もあって、花鳥風月の全般にわたり、また「日月星辰《せいしん》」とか「美しき天然の調べ」といった表現もあり、その自然描写の叙景文は、えもいわれぬかぎりだ。

そういうわけで、もう、すっかり雅《みやび》な気持になって小石川後楽園を散策していた。ふと円月橋の小径で、清らかな五花弁の黄色い花を見つける。

「これは何という花なのだろう?」

そう独り言をつぶやいた。すると、たまたま傍を通ったおばさんが、一声「ヤマブキですよ」と。

それを聞いた私は、つい「蕗《ふき》にしては茎がないなぁ」と真顔で口にした。するると、おばさんは呆れたように「ヤマブキは食べる蕗ではないの!」と気色ばんで言い放ったものだ。

私の浅薄な経験と知識では、フキと名のつく植物は食用の蕗のことであり、まさか「山吹」という文字は思いもつかず、てっきり言葉の響きとしては「山蕗」と思い込んだのである。

ぎゃふん、とした。二の句がつげなかった。

華やいだ春の気分に冷水を浴びせられ、それが汗となって噴きだすほど恥ずかしかった。こんなことも自分は知らなかったのか。情けない。

でも……しかたがないじゃないか、こっちだって食うために必死に生きてきたんだ。そう言いたい気もした。

ひもじかった終戦後

私の父は科学者というか研究者で、戦前から理化学研究所本社に奉職していた。そして、私の生まれ育った家は、その理化学研究所の裏手の駒込富士前町にあった。

父は終戦前後、理化学研究所で造機課長をしていた。この研究所には「日本科学先端者の三太郎」の一人といわれた長岡半太郎博士がおられた。博士は原子爆弾の開発を手掛けていたらしい。父は東京府立工芸を卒業後、ただちに理化学研究所に採用され奉職していた。並みいる東京帝国大学出などのキャリア社員に混じって努力したのであろう。ある機会から、長岡半太郎博士から与えられた特命事項を研究し、相応の成果をあげたためか、昭和三年に博士に随行して大陸横断鉄道でドイツに渡り、そのまま三年間ドイツの理化学研究所に留学を命ぜられていた。

私が小学三年生だった昭和二十年の二月二十五日、前夜来の雪が積もっていた東京は米空軍の空襲を受けた。それは空が暗くなるほどのB29の大編隊による爆撃であった。おそらく米空軍は原子爆弾等の近代兵器を開発していた理化学研究所を爆撃の標的としたのであろう。その煽《あお》りを受けて、我が家にも六発の焼夷弾が落ちた。それを中学一年生の兄が手づかみして外に放っていたのを覚えているが、あれは幻だったろうか。しかし、そういう兄が軍国少年らしく頼もしいと思った記憶もあるから、焼夷弾を手づかみしたというのは、当たらずといえども遠からずだろう。

急いで研究所から戻ってきた父が早く逃げるようにいうのを聞いて、兄が「消防活動もせずに逃げるのは卑怯だ」と反発していたのも覚えている。「お前がいくら消火しても隣近所みんな燃えているんだからムダだ、危険だから逃げよう」という父に追い立てられるように、一家そろって隣接する天然寺の境内ぞいに逃げた。

その直後をどう過ごしたか記憶は定かではないが、とにかく実家は全焼。さらに三月にも再び大空襲があって、もう東京にはいられないと、山形県の、いまは酒田市になっている当時は中平田村というところに急きょ疎開することになった。

父が母と婚約した直後、理化学研究所から派遣されてドイツに留学していた際、まず肝心のドイツ語をマスターするべく、ベルリン大学の外国語講座に席を置いた。その講座で三人の日本人が同じ教室で学んだという。一人に後に大阪府知事を歴任した左藤義詮氏がおり、あとの一人は山形県から留学していた伊原弥生さんという女性がおられた。日本語では左藤と佐藤とでは姓の文字が異なるが、ドイツ語表示では全く同じため、父より年長の左藤氏は「エルステ・ザトー」と呼ばれ、父は「ツバイテ・ザトー」と教室で呼ばれていたという。そのときの留学生の伊原弥生さんの「つて」で伊原さんの郷里の山形県に疎開したのである。

その昭和二十年の終戦時に、なにやら雑音だらけのラジオから、奇妙に甲高く抑揚のない声が流れていたのを覚えている。聴き取りにくかったし、意味はわからなかったが、横で父が「これで日本は負けたのだ」と沈んだ声で言ったのが印象的だった。その八月の十五日に、たぶん父は中平田村に来て一緒にラジオを聴いていたのだろう。それが天皇陛下の敗戦の詔勅だった。

さあ、戦後のひもじい時代が始まった。日本でも有数の農業地帯といわれる庄内平野の農村とはいえ、食料が不自由なく口に入る時代ではない。伊原弥生さんの親戚縁者は庄内平野の素封家というか豪農揃いで、全国的にも有名な本間家もその縁者だったし、中平田村の豪農の家は軒並み伊原さんの親戚であった。

その一軒の当主であった阿曽家の正雄さんが、自分の子は男児に恵まれず娘ばかりで、私を実の子供のように可愛がってくれた。正雄おじさんは若い頃、村一番の魚獲りの名人といわれた人物で、自分の得意技を相伝したいものの、子供が娘ゆえままならず、私に伝授してくれたのだった。小川で魚・蟹・ナマズ・貝類などの獲りかたを手とり足とり教えてくれた。おかげで都会っ子ながら「魚獲り名人」という評価を村人から受けた。ある時には夜中に起こされ、前夜に撒き餌しておいた場所に行き、投網で大きな鯉を何匹も捕獲した。野山でも、特訓を受けた。食用の蕗・野蒜《のびる》・芹《せり》・慈姑《くわい》の見つけかた、そして採集の方法も教わった。毒キノコと食用キノコの見分け方も習った。もちろん、ひもじいときは何でも食べた時代であった。

家畜の飼料用に夏のうちに草を刈り取り、干し草にする。阿曽家の大きな池に溜まった汚泥《おでい》を丸裸で池に飛び込み、掻《か》い掘りして池をきれいに蘇生させた記憶もある。

というわけで、私の記憶にある植物の名といえば、そういう類のものでしかない。あるいは腹痛に効くという薬用のゲンノショウコも採ったこともあったから、漢字は知らないが名前は覚えている。

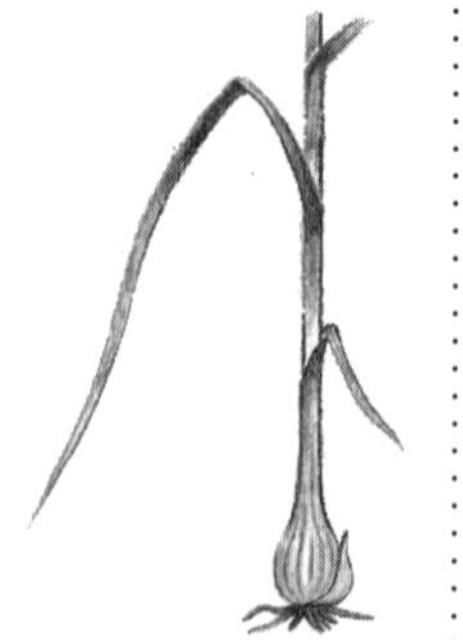

野《の》蒜《びる》

そうしてふり返ってみれば縁《えにし》とは不思議なもので、現在わがビジョンクエスト社の副社長は阿曽正雄さんの孫の阿曽芳樹君である。彼は藤和不動産・ミサワホームと、私が行く先々すべてについて来てくれた。

「食べる」ことだけが関心事だった

山形に二年ばかり疎開していて、そこから新潟県の柏崎

ゲンノショウコ

慈姑《くわい》

芹《せり》

市に移り住んだ。理化学研究所が解体し、しばらく浪人していた父が、柏崎の理研農工という会社から引っ張られて、そこに新天地を得たからである。

山形での正雄おじさんに仕込まれた魚獲り、野草摘みの腕は、新しい土地で友だちづくりに役立った。いつしか私はガキ大将になっていた。

あれは小学校六年生のときだったが、クラス全員でイナゴ捕りをすることになった。食糧事情の悪い時代ならではの授業で、みな家の人に手拭いで袋を作ってもらうように指示され、朝、その手製の袋いっぱいにイナゴを捕ってから学校へ来るように、ということだった。

よし、これも正雄おじさんに教えられた昆虫の生態を利用しようと、私は早起きして田圃に出かけ、たちまち袋いっぱい、いや二袋分のイナゴを捕った。夜露に濡れているイナゴは飛べないと聞いていたから、かんたんに手づかみできたのである。

その二袋を抱えて登校すると、まだ誰も来ていない。びっくりした先生にどうして捕獲したのかを説明すると、えらく感心された。昼近くになっても登校してこない仲間が相当いたが、それはそうだろう、陽がのぼって羽が乾いたイナゴを捕まえるのは容易ではない。

とにかく全員が集まったところで、学校の大釜でイナゴをゆで、均等に分けてみな家に持ち帰る。乾燥させ、あとは甘露煮などにして食べるわけである。

ドジョウ捕りも、たいした腕だった。なにげなく田圃の排水口を見ていたら、ぶつぶつ点々と小さな穴があって、何かと思って手を突っ込んだら、ぬるぬるしたドジョウがいる。しめたっと、スコップとバケツを持ってきて捕った。バケツいっぱいのドジョウは、もちろん母や、お裾分けした近所の人たちに大いに喜ばれ、得意になったものである。

これは中学生の頃だったが、悪ガキどうし、養蚕の真似事もやった。繭《まゆ》の中の蛹《さなぎ》が蛾となって、黒い斑点のある卵を産む。それが小さな蚕《かいこ》となっていく。それを観察していると、けっこう面白いので、自分たちで飼育してみようと思い立った。

近所には桑の木が自生している所があちこちにあって、みんなで葉を集めてくる。ところで蚕は、大食漢である。雨の日も、嵐の日も、桑の葉を集めてこなければならない。雨が、とても困る。濡れた桑の葉は蚕にとって毒だからだ。一枚ずつ葉っぱを丁寧に拭くのは、たいへんな苦労だった。

一人、また一人と、仲間が止めていった。しかし、途中であきらめるのは癪《しゃく》だ。なんとか一人で続けていると、やがて蚕が大きくなって半透明の体になり、そして口から糸を吐き出して、それが繭となった。

もう嬉しくて、その繭がいくつかまとまったところで農協に持って行き、当時の金で五百円をもらった。それで高校受験用の『蛍雪時代』問題集を買ったものである。

小石川後楽園で、山吹を山蕗と間違えて顔から火の出る思いがしたことから、あれこれ子ども時代のことを思い出した。それにしても、あの頃は、とにかく野に生える草も、田や小川にいる昆虫や小動物についても、みな「食べられるかどうか」の一点が価値基準だったのだから、言い訳にはならないが、食用以外の草花の名をほとんど知らなかったのも無理はなかろう。

よし、花の名を覚えよう

食糧難が落ち着くようになっても、わが家の生活は楽ではなかった。父は真面目一徹な人で、闇で流れる物資を巧みに入手するほど器用ではなかった。

私は昭和二十九年に柏崎の高校を卒業して東京の大学に通うようになったが、実家からの仕送りを当てにはできずに苦学した。やがて社会人になって、早々に妻帯し、子どももでき、なんとか自分の生活を立てるのに追われた。

そのうち仕事が面白く夢中になり、およそ「花鳥風月」に目を向ける機会も、心を寄せる姿勢もないままに、ひたすら邁進した。

もちろん一心不乱に仕事に打ち込んで周りが見えない働き蜂だとはいっても、そこそこに草花の姿は目に映っているものである。しかし、それらに注目して名前を覚えようともしなかった。

気がつくと……一年を通じて口にできる花の名は、サクラ、ウメ、チューリップ、バラ、ユリ、アサガオ程度のものだった。

源氏物語に出逢い、小石川後楽園で赤っ恥をかいて、こんなことではいけない、よし花の名前を覚えようと一念発起した。

青木《あおき》

わが家の狭い庭にも、多少の草花がある。妻に教えてもらうと、梅、百合、朝顔まではわかるとして、ほかに青木《あおき》、牡丹《ぼたん》、躑躅《つつじ》、椿《つばき》、紫陽花《あじさい》、虎尾《とらのお》、柚《ゆず》、藤《ふじ》、雪下《ゆきのした》、射干《しゃが》、楓《かえで》があった。

さて草花の名を仕込もうと固く決心した。そうしたつもりをした脳の記憶装置にはまだまだ余裕がある。さて、どうするか……。

虎尾《とらのお》

柚《ゆず》

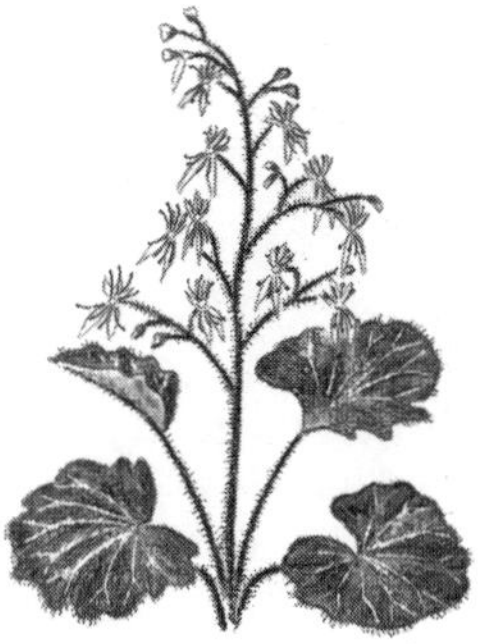
雪下《ゆきのした》

そうだ、幼い頃よく母親に連れられて散歩した小石川植物園があるではないかと思い出し、そこに毎月通おう、と思いついた。それを一年続ければ、四季折々に咲く草花を覚えられるにちがいないと考えたのである。同じ小石川でも、赤っ恥をかいた後楽園にはどうも近づき難い。それより植物園なら、あそこには草木や花すべてに名札がかかっていて、観察し、学習するには恰好の場だ。

そうして通いだして、さて入口の近くにあるのは海外旅行で見かけたバナナの木かと思ったら、れっきとした日本の芭蕉《ばしょう》という木だと知った。あるいは銀杏《いちょう》の木に雌雄があることに驚いた。楮《こうぞ》とともに和紙の材料になる三椏《みつまた》が、文字どおり枝が三つ又になっているのを知って感心した。

結局、自分は何も知らなかった

小石川植物園に通っていて、あらためて「山吹」を「蕗」と間違えたことが恥ずかしくなった。

三椏《みつまた》　楮《こうぞ》　芭蕉《ばしょう》

だいたい子ども時代に蕗を採っていたとき、あの早春に採れる初々しく柔らかそうな蕗《ふき》の薹《とう》や、成長して幅広く肉厚の葉っぱと、肉太の茎と、つまりは食材としてしか見ていなかった。

もし蕗というものをしっかり観察していれば、早春というより春も盛りを過ぎて初夏にかけ、たいていは可愛く黄色い五弁の花を咲かせ、ぎざぎざに縁取られてキリッと小ぶりの葉をしている山吹と、間違うはずはない。

蕗の薹が出たら、すぐに採らないと食用にならないと教えられた。それで、土から顔をのぞかしたばかりの蕗の薹の姿形は、目を皿のように探して、はっきり覚えている。しかし、採るタイミングを逸すると、早々にタンポポの綿毛のような花が咲いてしまうことは、まったく知らなかった。ましてや、その後どう茎が伸び、葉が茂るのか、その成長の様子を追っかけていたわけではない。ただ食べごろになった大ぶりの蕗を、パッと目にとめただけである。

その後大人になって覚えたサクラやウメ、チューリップ、バラ、ユリ、アサガオだって、その音声からくる名前こそ頭に刷り込まれたものの、たとえばバラやユリを「薔薇」あるいは「百合」と正しく漢字で書けたかというと、おぼつかない。ましてや、その花や葉の形がどうで、いろいろ種類の違いがあって、どう成長するのか、ほとんど知らなかった。

ようするに見れども、見ず。目にしていても、しっかり見つめていなかったわけである。

小石川後楽園での、あのおばさんは、草花の一つひとつを、それこそ慈しむように見つめ、一つひとつに感動し、そうして豊穣の時を持つことのできている人なんだろうな、と、そう心底から羨ましくなってしまった。

それに引きかえ自分は、仕事以外の何も知らない。いや仕事といっても、不動産の世界だけ。それも考えてみれば、不動産のすべてを知っているのかどうか、いったい俺は、どれほどのことを知っているというのか。

そう思い知らされた小石川植物園での毎日だった。

植物園には薬草園が付属していて、そこで子どもの頃に知ったゲンノショウコが、いってみれば験《ため》して効きめがあるから「現（または験）の証拠」と書くのだと知ったのには、感心するやら、思わず笑ってしまった。

そんな軽いノリも薬草園を一巡すると消え失せ、なんと大昔に生きていた人たちが、すでにいろいろな植物に薬効のあることを見抜いて、そうして今日にまで漢方薬として伝えてきて、なお生き生き役立っているという事実に、思わず襟を正した。

そして中国何千年の壮大な歴史を厳粛な気持で受けとめ、人類の歴史というものの凄さに圧倒されてしまった。

四季折々の花が愛おしくなった

さて小石川植物園に毎月、そして一年間も通うと、けっこういろいろな草花のことを知る。その名も、そして姿形も、だいぶん勉強した。

そうしてみると、時節ごとに移ろいゆく草花が愛《いと》おしくなる。それからというもの、街の路傍に咲く花を見かけると、その名を口ずさんでみる。すれ違う人が、何かつぶやく初老の男をいぶかしんだろうか。

名前が思い出せないと、その日に帰宅してすぐ、買い込んであるオールカラーの『植物学事典』をめくって確認する。気が急《せ》くときは、街の本屋に飛び込んで確かめたこともある。もちろん名前だけではない、その姿形から、成長の様子、旬や盛りの時期、あるいは地表に茎や枝葉を伸ばしていない時期の種や球根、根のことも、学んだ。

小石川植物園に通ったのは、いわば授業のようなものである。これを卒業すると、もっと応

しゃが　かきつばた　あやめ

用の学習をしたくなった。

そして子どもの頃に勝手知った六義園から始まり、古河庭園、三渓園、向島百花園、堀切菖蒲園、根津神社、牧野庭園と東京や横浜のめぼしい公園や植物園に出かけ、おさらいをし、また新しく知識を仕入れた。

暇をみつけて出かけた箱根の湿生花園で、菖蒲《しょうぶ》の別称を「あやめ」というと知った。そして同じアヤメ属の「かきつばた」の葉が広剣状で中肋脈がないのに対し、あやめは細長い剣状の葉をもち、外花蓋片の基部が黄色で、花弁に鮮やかな紫色の脈があると、その相違も学んだ。へえ、そういうことなのか。

「いずれがあやめかかきつばた」というが、かきつばたの花の名に「杜若」と漢字を当てるのは、じつは誤用だとも知った。杜若は、花の名ではなく、かきつばたの精を能の演目として採り上げるとき当てられた漢字だという。

わが家にある射干《しゃが》もアヤメ属だと知って、もう「あやめ」「かきつばた」「しゃが」をきちんと峻別して指さし、間違うこともなかろう。どんどん利口になっていく実感がして、独りほくそ笑んだ。

箱根から回って、ついでに立ち寄った熱海の梅園で、万葉の花園に身を置くことができた。このときはとくに意識したわけではないが、たぶん歌心のようなものを刺激されていたのだろう。この万葉の花園で心地いい気分にひたったことが、のちに万葉集にものめり込んでいくきっかけとなっている。

ところで一年を通して花を観賞してみると、心躍る季節というのは、なんといっても四月ではないかと私は思っている。冬の長い休眠から目ざめ、それが一気に復活する息吹きが感じられて、自然の循《めぐ》りの妙ということを思わせるのである。そうして一斉に花開く様子に、私まで生命《いのち》を謳歌したくなってしまう。

その四月の花とは、もちろん桜。

その桜に関しては、どういうわけだろう、西行法師の

「願はくは　花の下にて　春死なむ　その如月の　望月のころ」

という歌のことが記憶に残っていた。

西行は、平清盛と同年に生まれた平安時代の歌人だが、出家して修行のために各地を旅し、晩年にその歌を詠んだといい、世間に知られている有名な歌だとあとで知った。

私の第二の故郷である新潟県出身の作家、坂口安吾に、たしか「桜の樹の下に屍体が埋まっている」というような書き出しの小説があったが、その連想で学校時代に知って覚えていたのだろうか。

春爛漫の季節をこよなく愛した西行が、釈迦が入滅《にゅうめつ》したのと同じ二月十五日、つまり「如月《きさらぎ》の満月の頃」に満開の桜の下で死にたいものだと詠って、瞑想のすえ、そのとおり七十三歳の如月に没したという。正確にいうと満月は十五日で、じつは翌日の十六日に死んだという一日のずれが面白くて、とくに印象に残っていたのかもしれない。

その西行の歌を思い出したとき、ふと奇異に感じた。如月とは「二月」のこと、その頃に咲く花といえば梅で、だから間違って解釈されているのではないかと思ったのである。

そんな素人探偵でもわかることが、どうして長い歳月を経ても正されないのかと不思議に思い、さっそく丸善に行き旧暦の本を買ってきて調べた。

すると陰暦（太陰暦）の如月で満月の時期といえば、たとえば陽暦（太陽暦）で平成十二年に当てはめれば「三月二十日」の頃になる。そうかなるほど。とすれば、西行が生きていた時代に早咲きの山桜が満開だったとしても不思議ではない。

月を知れば、古典が現実味を帯びた

花のことから西行法師が連想され、その歌のおかげで「月」にも興味が移った。古典には花鳥風月いろいろ出てくるが、なかでも花とならんで月が登場する場面がとくに多いようだ。ところで旧暦というのは、「陰」つまり月の運行をもとに作られた暦のことである。それくらいの知識は私にもある。

では旧暦でいう各月の名称について、学校で教わったかもしれないが、右の耳から入ってすぐに左の耳から出ていっていたようで、旧暦の本で改めて確認して、新鮮な知識を得たようで嬉しくなった。

一月は「もとつ月（元、つまり年の始めの月）」が「む月」に変じ、また相親しむ睦びの月であるという考えから、すなわち「睦月《むつき》」というのだとか。二月は、草木が更生する「生更《きさら》ぎ」の意から「如月《きさらぎ》」。三月を「弥生《やよい》」というのは、草木いよいよ生える意の、初めは「弥生《いやおい》」だったという。そんなふうに知ってみると、いちいち感心する。その他の月も、それぞれ季節感あふれて意味があるネーミングで、一つひとつ興をそそる。

それはともかく、ここでは月の話。つまり睦月、如月、弥生が春で、卯月《うづき》(四月)、皐月《さつき》(五月)、水無月《みなづき》（六月）が夏、文月《ふづき》（七月）、葉月《はづき》（八月）、長月《ながつき》（九月）が秋、神無月《かんなづき》（十月）、

月の満ち欠けと呼称

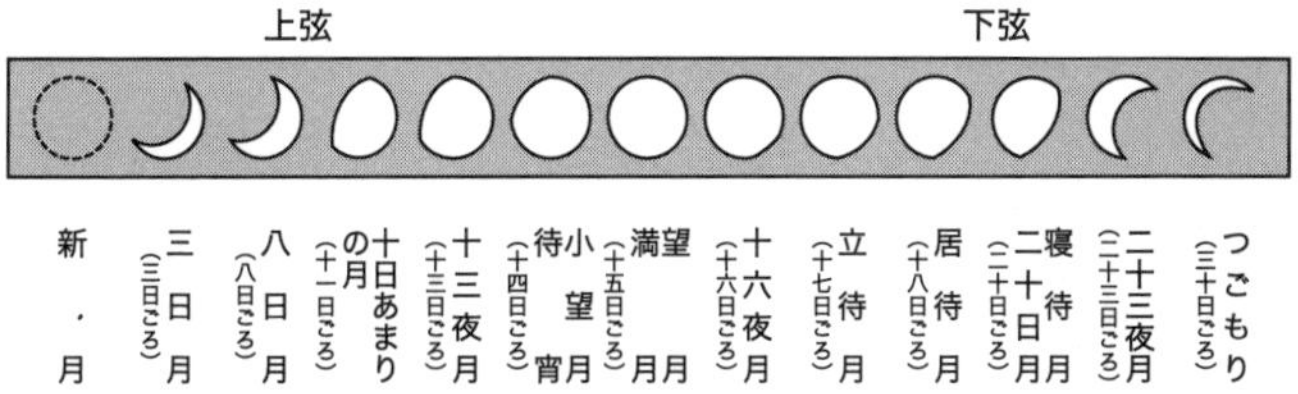

晴れた夜には必ず天空を見上げるようになった

霜月《しもつき》（十一月）、師走《しわす》（十二月）が冬と、それぞれ私たちが馴染んでいる陽暦の春夏秋冬と対応するようでいて、しかし微妙にずれている。それは、月の満ち欠けが一巡するところの、陽暦でいえば二十九日半程度をサイクルとして作られているからだと知った。

月の満ち欠けは「月齢」とされ、新月から始まって、三日月、上弦の月、望月、下弦の月と巡り、そして新月に戻る……という。こうしたことも多くの人が知っていることなのだろうが、私は、うろ覚えだった。

それまでの私だったら、左と右と、どちらが欠けていれば、これから満月になろうとしているのか、または真っ暗な闇夜に向かっているのか、その上弦と下弦の区別がつかなかった。また、大きく欠けている眉のような月をすべて三日月というのかと思っていたら、新月から三日目前後の月しか、そう呼ばないというのも意外だった。

だいたい、いまでいう満月のことを、その昔は「望月《もちづき》」といったなどとは、まったく知らなかった。遠く見はるかす眺望とか、希望とか、まちのぞむ待望とか、そういったふうに使われる「望」の字を冠するなんて、にくいではないか。

また望月(十五夜)の次の夜の月は、満月よりちょっと遅れてためらうように出てくるから「十六夜月《いざよい》」と名づけて愛《め》でたとは、残り香や散る桜にも風情を感ずる、日本人の心情に共通した感覚ではないか。

ほかにも望月(十五夜)の前夜の月を「待宵《まちよい》」と呼び、十六夜月の翌夜の月を「立待月《たちまちづき》」、二十日頃の月を「寝待月《ねまちづき》」といい、そして新月の直前の月を「晦《つごもり》」つまり月が隠れると表現しているとか、ほう……、これはもう私としては感嘆しっぱなしである。

そのような月の形状も含めて解説してある旧暦の本を読んで、どんどん月への関心が深まった。そして晴れている夜には、必ず天空を見上げる癖が身についてしまった。皓々と照る月光を浴びて、これほどの感動が呼び醒まされるとは思ってもみなかった。

徒然草で吉田兼好が「花はさかりに、月はくまなきをのみ、見るものかは……」と書いている。桜は満開を、月は満月で雲に遮られていないときのみを観賞すべきであろうかと、無常観ならではの疑問を呈しているが、まさしくそのとおりで、三分咲きの桜も、上弦の月も、それなりに美しく風情がある。

そうして月の形状を見れば、その日が旧暦で何日なのかが自然とわかるようになってきた。

電灯もテレビもなかった昔の人は、夜空に月明かりを求めて、しげしげと眺めていたことだろう。

月を詠んだ歌を探していくと、百人一首に、あるはあるは……。

「朝ぼらけ　有明の月と　見るまでに　吉野の里に　降れる白雪」（坂上是則）

うん、そうそう、夜がほのぼの明けはじめる頃、月の光がさしているのかと思うほどに降った雪で明るんでくるのは、新潟の冬で体験している。

「有明の　つれなく見えし　別れより　暁ばかり　憂きものはなし」（壬生忠岑）

下界のことに無関係なようにかかっている明け方の月を見ると、つれなく別れていった貴女が偲《しの》ばれ、暁が恨《うら》めしいだろうなんて、これは少し女々しいぞ。

「今来むと　いひしばかりに　長月の　有明の月を　待ち出でつるかな」（素性法師）

来るという返事に、秋の夜長に明け方の月が出ている頃まで待ち明かしたとは、同情したくなる。

それにしても、その昔にも人々は徹夜していたのか。あるいは、みんな早起きだったのか。

有明の月を詠む歌が多い。それは、夜が明けようとする頃に未だ天空に残っている月のことだ。

その夜明けの表現に、東の空がまだ暗く、明るくなる前の午前三時から五時頃にかけてを「暁《あかつき》」、東の空の雲が少し明るく染まり始めた頃を「東雲《しののめ》」、太陽が顔を出し始めた頃を「曙《あけぼの》」

と、微妙に時間区分を使い分けているのも、言葉というものを自分のものにしていく人間の素晴らしい感性を思う。

左京太夫顕輔《あきすけ》の歌に、崇徳院に差し上げたという

「秋風に　たなびく雲の　絶え間より　もれ出づる月の　影のさやけさ」

というのがあった。

その情景は手にとるようにわかったのだが、ただ「影」に引っかかった。「月の影」と読むと、どうも不可解だ。そこで古語辞典を調べてみた。すると、その意味には「すがた」「光」「かげ（陰）」と三つ出ている。とすると、ここでは「月の光」と解釈すれば、じつに華麗な趣が生まれてくる。

いろいろなことが、新しい知の泉に湧き出ずるようだった。

源氏物語に発して、花を知り、月を知って、私は変わろうとしていた。

【第二章】　ワーカホリックだった

ずっと悶々としていた

平成七年も暮れに還暦を迎え、明けた翌八年も早々の正月三日、事務所のドアの鍵穴に鍵を挿れた瞬間を境に、私は生まれ変わろうとしていた。私の中の何かが大きく変わろうとしていたが、どう変わろうとするのか、どこか不安でもあり、しかし期待感も大きくふくらんでいた。

その前々年まで私は三十五年間のサラリーマン生活を送り、最終的には一部上場の不動産会社の役員(常務取締役)を務めて、五十七歳で退いている。

その職を辞してから、知人と共同経営で不動産コンサルティング業を営むようになったのだが、それは、長年働いてきたのと同じ不動産の世界だったから得意中の得意な仕事で、さして難しいことではなく、まあまあ気楽にこなしていた。

では、サラリーマン人生を卒業してフリーな気分で生き生きしていたかというと、そうでもない。

傍目にはリタイア後も職を得て元気そうに見えたかもしれない。しかし、じつは還暦を迎えようという平成七年は、ほんとうのことをいうと私にとって、なんとも暗澹とした気分のままに暮れた年だった。

べつに何ほどのことが起こったというわけでもない。ただ私は、内心では鬱屈していた。

生活に困っているわけではない。そこそこに不動産などの資産を持ち、別荘もあり、三男一女もそれぞれに独立し、あるいは人並み以上に収入も保証されていて、妻と二人で悠々自適を決め込むこともできる。

ところで多くのサラリーマンの方々は、五十も過ぎる頃から「定年」という二文字を意識するようになって、はたと「そろそろ俺もそういう年になったのか」と狼狽するのではないだろうか。

いま定年といえば、五十五、六から六十にかけてが適齢期?といえようか。

人生八十年ともいわれる今日の長寿社会にあって、それはあまりに早いリタイアだと思う。しかし世間の物差しでは、そういうことになっている。そして実際、多くのサラリーマンが容赦なくその適用を受けている。サラリーマン社会では厳然とそういう規範が当てはめられ、そしてサラリーマン自身も、それが理不尽だと声をあげることもなく暗黙のうちに受け容れている。

順風満帆に出世街道を歩んで、いずれ役員になって定年後も将来が保証されるであろうと考えている人も、心のどこかで「いつなんどき、派閥争いか、それとも失敗をおかすかして、はじき飛ばされ、定年組に入るかしれやしない」と意識するようになる。

同様に私も五十代に入ろうかというときに上司から疎まれた体験があって、急にそういう念が襲ってきたものである。そして定年後に、家族から濡れ落ち葉と厄介者扱いされたり、何十年と寄り添ってきた妻から三行半《みくだりはん》を突きつけられるという世間に流布している話が、真に迫ってきた。

ふと織田信長が口にしたという

「人間五十年、下天の内をくらぶれば、夢幻のごとくなり」

という台詞《せりふ》が頭に浮かぶ。つい数十年前の昭和も初期には「人生五十年」といわれ、それが、いま人生八十年なんて、こんな高齢化社会を五十代半ばか六十でリタイアして、いったいどう人生を送ればいいのか。

自分の作品を直視できない

いつしか私は、これまで生きてきた歳月のことを思って、いったい自分は何をやってきたのかと自問自答するようになっていた。時折そうした思いに襲われるのが、五十代を迎える頃からの私の胸中だった。

そして、どこか味気なくなった。どうにも、心が満たされないのである。

いったい自分は何をやってきたのかと自問自答する思いが強くなったのは、いよいよリタイアした五十七歳からである。

それからというもの、街を歩いていても落ち着かない。街を歩いていると、ふと自分が手がけた「作品（?）」が目に飛び込んでくることがある。そうしたとき、その作品を、どうにも直視できないのである。

よく耳にする話だが、急峻な渓谷を切り開いてダムを作り、空を射るような超高層ビルを建て、海峡を隔てて長大な吊橋を架け、あるいは時代を拓く最先端のコンピュータなどエレクトロニクス機器を世に出し、そして子や孫に「あれが俺の作ったものだ」と自慢できるという、そういう男が羨ましい。

私の作品とは、たとえばマンションである。私がサラリーマンだった頃、ずいぶんとマンションを建てたものである。

設計したわけでも、建設工事の監督だったわけでもない。私は、そのプランニングの中心にいたのである。

その面では、私は、業界でも知らない人はいないような存在になっている。市街地での土地の有効利用のためにマンションを建てるという、そのブームを仕掛けたのが、何を隠そう、この私である。

そうして、相当数のマンションを建てた。そのように次々とマンションを建てていた当初は、やった仕事の成果が、まさに文字どおり目の当たりに立ち上がるような実感を覚えて、胸を張っていたと思う。

ところがリタイアしてからというもの、それらを自慢する気持が消え失せ、いつしか砂を噛むような味気なさを覚えるようになっていたのである。自分でも、まったく戸惑う変化だった。いってみれば自分の建てたマンションが砂上の楼閣のように思えてきたというか、なにか確たる思想なり理念《フィロソフィ》を持たないまま、脆《もろ》い地盤の上に、脆い建造物を、ただ建てていただけではないのか、そのような感じがするようになっていたのである。

そして、そういう作品を見て内心忸怩《じくじ》たるものを抱え込む自分って、いったい何者なのだろうかと、自分のこともよくわからなくなってしまった。

そのように、一年、二年と、無為に過ごした。そうしたある日、はたと思い至った。ほかでもない。たしかに自分は仕事をしてきた。猛烈に、たくさんの仕事をこなしてきた。いわゆるモーレツサラリーマンだったと思う。お前はほとんど病気、寝る間も惜しむワーカホリックだよ、といわれたりもした。

しかし……仕事以外は、じつは何もしてこなかった、そういう事実に気がついたのだった。あれだけ働きに働いてきたのに「何もしてこなかった」という実感に襲われるなんて、どういうことなんだと自分の中でも混乱をきたしてしまう。しかし、たしかに「何もしてこなかった」と、そう間違いなく思えた。

そして、それだけではない。そこに「充実して生きてきた」という実感さえともなわない。猛烈に働いていた当時、たしかに「俺の人生、まことに充実しているわい」と思っていた。それが、リタイアした今となって百八十度ひっくり返るような実感が襲うなんて、もう愕然としてしまった。

私は、何がなんだか訳がわからなかった。しかし、とにかく「生きたい」と思った。そう、まずは単純に「生きたい」と思ったのである。

そうして、やがて猛烈に「生きている証《あかし》が欲しい」と餓《かつ》えるようになった突然、私は飢餓の状態に陥った。飢えた。餓えた。自分が生きていることを、とにかく切実に確認したかった。

そうはいっても、そうそう簡単には証をつかめなかった。そういう悶々としたままに、平成七年となり、その年末には還暦を迎えようとしていたのである。

サラリーマンとして一時代を画した

どうも自分の履歴をオブラートに包んだままでは、奥歯に物の挟まったような語りになってしまうので、ここで明らかにしておく。私が長く籍をおいてサラリーマン生活を送ったのは、フジタ（以前は藤田組）グループの藤和不動産という会社だ。

藤和不動産というのは当初、那須で壮大な別荘地を開発する事業をメインに据えていた。ほかに東京近郊でも宅地造成を手がけていたが、それは開発区域内でギリギリ最低基準に道路を設定し、宅地も細切れに造成するという、あまり褒められた事業ではなかった。

当時の社長は、のちに参議院議長を歴任した故・藤田正明氏だったが、その頃は「もう別荘地開発だけをやっていていい時代じゃない。だからといってチャチな宅地造成をやっていてはダメだ。これに代わる新規事業を探せ」と常々口にされていた。まだ三十歳を過ぎたばかりの私にも、社長直々の命令が下される。

時代は、昭和三十九年に東京オリンピックが終わり、いざなぎ景気の四十年代に入っていた。オリンピックを機に東海道新幹線が開通していたが、さらに高速道路網の整備に拍車がかかっていた。そして東京などでは、市街地の再開発と高層ビル化が進もうとしていた。

私は、その都会での市街地開発に目をつけた。既成市街地での土地を有効利用し、集合住宅を建てようと考えたのである。

昔も今も、ある程度の広さがあれば、その土地にマンションを建てるには何の問題もない。しかし私は、どうせやるなら思い切った再開発をして、都市域での住宅不足を解消し、都市の将来に展望を拓こうなどと大きく考えた。

そして、東中野に第一号を、初台に第二号をと、次々にマンションを建てた。

ただ都会地でマンションを建てようとすると、現実には土地の所有区分は昔ながらに細かく分かれていて、どうしても個人または法人の所有する土地を一括して広い面積を確保する必要があった。

そこで頭を絞りに絞って考えだしたのが、その土地を提供してもらう対価として、一部は現金授受で応じるものの、基本的に新しく建つ建物のうち区分所有権として応分のスペースと交換するという方式だった。今日それは「等価交換方式」として当たり前になっているが、その方法を編みだしたのである。

その等価交換方式を適用したのが、文京区湯島に建てた「湯島ハイタウン」である。完成したのは昭和四十五年である。

集合住宅としては、わが国で初めての地上十六階建てという高層マンションで、その四百戸という規模も、度肝を抜いたようである。それは二棟からなり、まず広めの居住面積を確保したA棟では専用エレベーターで各戸に出入りできるようにし、共同使用のエレベーターを配したB棟は比較的コンパクトな住戸を数多く確保した。そして両棟を一、二階でつなげた。そうすると法的には一棟として登記でき、建築基準法上も都合よかった。

ハイタウンという名のとおり、その階下部分にスーパーマーケットや個人商店その他のサービス店舗、医療施設、郵便局、保育園、さらには小規模事務所などを収容した。つまり、まさに上階に住居を確保した「街」を作ったようなものである。

この湯島ハイタウンは、上野や文京、台東界隈に多い老舗の旦那衆から喜ばれた。遠い自宅から通うのがきつく、近くに寝泊まりできる場所が欲しかったということである。そういう旦那衆を満足させるだけのA棟の広さである。

一方、居住面積が狭いB棟の住居は、労働組合の関係で多くの勤労者が飛びついた。

じつは、この土地は、三菱財閥の祖とされる旧の岩崎邸が物納されて国の管理する土地となっていたのを、労働福祉センターという財団法人が払い下げを受けたものだった。しかし金のない財団法人では、この土地を有効活用できず、そこに藤和不動産として目をつけて、借地権付きの等価交換をもちかけたものである。だから総評など労組が傘下の勤労者に推薦した物件だった。

そうして、湯島ハイタウンは即日完売した。いまでも湯島の高台に聳え立つ威容を見ると、それはそれで感慨深いものがある。

いよいよ脂が乗ろうかという三十そこそこでの大仕事である。若くエネルギッシュで、古びた街並みを新しく生まれ返らせようと理想に燃えた。計画に疎漏があってはならない、そして設計にも建設工事にも手抜きがあってはならない、と全精力を傾注したと思う。

その出来栄えは、自分でも悪くないと自信があったし、各方面からも評価され、注目もされた。なにより、初めて等価交換方式を世に問うたという気分も高揚していた。もちろん社長表彰をされたし、一躍ホープとして会社組織の中で賞賛を浴びた。他に抜きん出て、出世もした。

「等価交換」以来、鼻高々だった

湯島ハイタウンの場合、地権者の税務処理に関しては私たち開発業者が関知するところではなかった。

ところが昭和四十八年の石油ショックを機に未曾有の不況となって、総需要抑制策がとられ、金融引き締めが行われ、公定歩合も史上最高となった。列島改造による全国的な地価高騰に対処するため、土地税制が強化されることにもなった。土地所有者は土地処分を躊躇し、また土地やマンションへの投機的な需要も落ち込み、マンションブームが去ってしまった。かりに開発に手頃な物件があっても、金融機関による融資規制で断念せざるをえない。

そうしたとき、あらためて等価交換方式による開発手法に注目が集まった。ただし、それは開発業者にとって好都合としても、土地の提供者に単純に売却する以上の税制的なメリットがなければ成り立たない話だった。

そこに何か新しい手法で等価交換方式を運用する必要があった。そんなとき偶然にも、私は租税特別措置法に「特定の事業用資産の買い換えの場合の譲渡所得の課税の特例」という規定があるのを見つけた。これだ、これを適用しようと思いついた。その規定の適用を受けて開発しようとしたのが、飯田橋ハイタウンである。しかし、その実務では難儀した。

これは、二人の法人地主との等価交換による再開発である。衰退著しいボーリング場を経営するB社と、タクシー会社を経営するA社の、双方の土地を譲ってもらって合わせて「同一敷地」と考えてマンションを建設し、そうして床還元をするという等価交換を狙った。

等価交換の事例

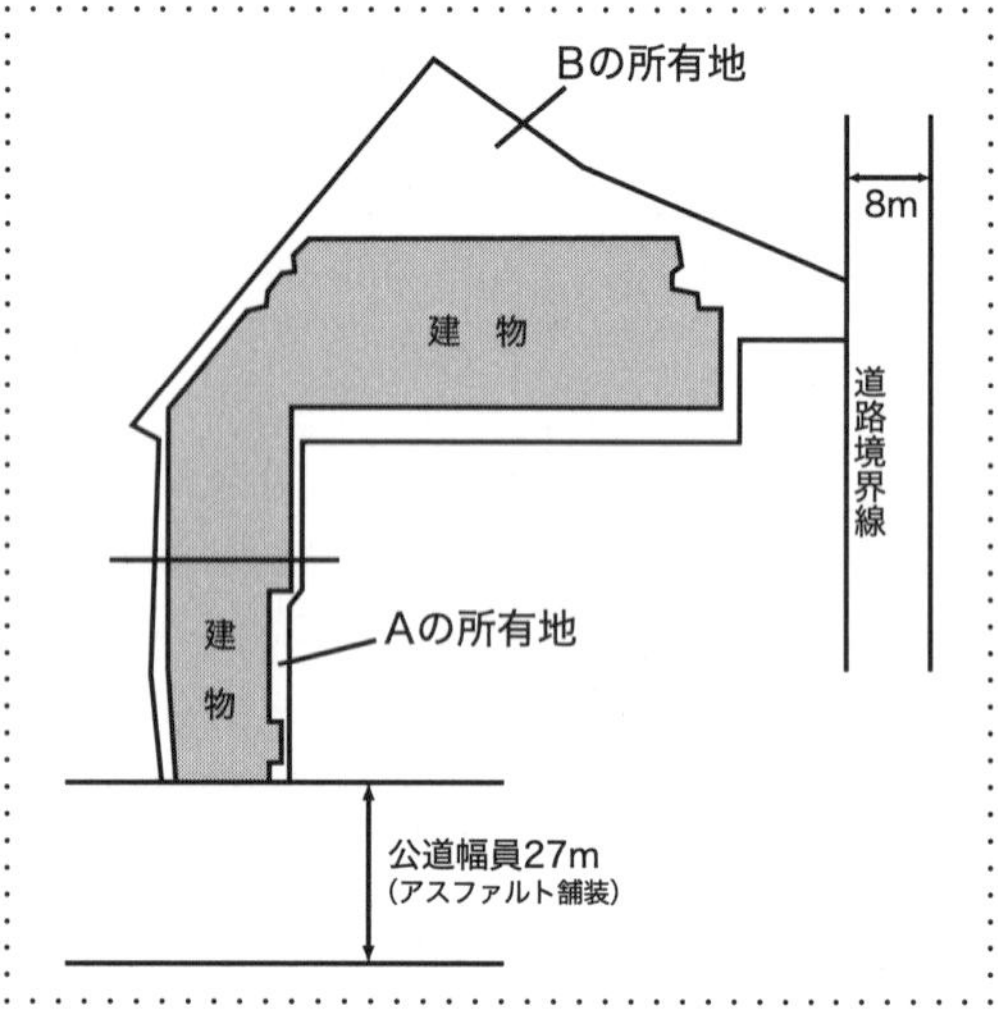

このような土地を等価交換方式で再開発する

図でご覧のように、Aは広い公道に面しているが、敷地そのものは狭い。しかし広い敷地のBは、狭い八メートル道路に接しているだけだ。その長短ある二つの土地を有効活用しようというものである。

私どもは相応の等価交換をと、新しく建てるマンションの一階部分の店舗すべてをAに還元し、二階の事務所部分と七階・八階の住居部分をBに還元しようと考えた。

ところが所轄の四谷税務署に事前相談に行ったところ、A社についてもB社についても、自分の敷地の垂直線上に存在する建物の還元床部分は税の繰り延べを認めるが、他の敷地上に存在する建物の還元床部分は税制上の措置を適用するわけにはいかないという。

とんでもない、と私は反論した。これは、まさに措置法でいう「既成市街地における土地等の有効利用のための買い換え」以外の何ものでもなく、そんな杓子定規なことでは既成市街地での土地の有効利用なぞできるものではない、と。

どだい「区分所有建物」というのは「専有部分」と「共用部分」から成り立つが、税務署の見解は見かけ上の「専有部分」の位置に固執しているにすぎず、税務署の見解どおり還元しても、Bは旧Aの敷地上にある「共用部分」も所有することになり、これは矛盾だ。かりにAの土地が八メートル道路に接していたとしたら、斜線制限で旧敷地内に一立方メートルの建物も建てられないわけで、ではどこを還元すればいいのか、こんなバカな話はないと反駁した。

税務署も困りはて、東京国税局にも伺いを立てたらしい。しかし国税局も、きちんと答えられない。

ラチがあかないので、その上級官庁である国税庁の直税部審理課へ相談に行った。すると、私の説明をひととおり聞いた担当官は、一言のもとに「建物のどの部分を還元してもよろしい」という。「おっしゃるとおり措置法は、土一升金一升の既成市街地で土地を有効利用するのが法の目的で、文言にこだわり狭く解釈していくと、逆にペンシルビルを建てることを奨励する結果となって、好ましくない」と、じつに明快である。

この私がねじ込んだ一件があって、租税特別措置法にもとづく通達の該当部分は改訂されることになった。

その後のことである。こんどは、等価交換によって還元された床を所有者が事業用に貸し出そうとしてテナント募集したが、なかなか入居者が決まらないという、そんなケースで税務署から呼び出されたことがあった。

同じく租税特別措置法で、特定の事業用資産の買い換え特例は、その資産を取得してから一年以内に事業用に供した場合にかぎり適用される。ついては、この案件では一年経っても空室のままなので、特例の対象から外す、というのである。

このケースでも、私は当局と丁々発止わたりあった。「放っているならいざ知らず、懸命に募集して、たまたま不景気ということもあって、なかなか借り手が決まらないだけ」で、そんなことでは資産の買い換えなんて怖くてできない、と。

これについても国税庁直税部による「貸室（借家）の広告や借り主の募集を継続的に行って

いるが、借り主がいないような状況にあるときは事業用に供しない場合に該当しない」という見解の表明で、ようやく一件落着した。

それやこれや、ずいぶん当局とやり合ったものである。まあ、いってみれば私の腕力は、すっかり有名になったようである。

おかげで、等価交換方式に事業用資産の買い換えを組み込んだシステムを構築した。そして、これに「スペース・ディベロップメント（ＳＤ）」と名づけて新しい不動産運用の商品として売出し、大いにヒットさせた功績で、若くして新しくできたＳＤ事業部長に昇進もした。

業界を代表して建設省の諮問委員会や協議会に出たり、国税庁などとの折衝役を一手に引き受けた。次々と立ち上げた事業や商品の先駆者として、あちこちの講演会やセミナーの講師として引く手あまただった。サラリーマンとしては、もう有頂天だったと思う。

自分の仕事に瑕疵はなかったか

ことマンションについては、たしかに最初の湯島ハイタウンのことを「これが俺の作品だ」と胸を張る気持もないわけではないのだが、それ以降が、いささか問題だった。

それを機にマンションブームに本格的に火がついたと思うが、大手のみならず中小の業者が、それこそ猫も杓子もマンションを建設するという熾烈《しれつ》な競合のなかで、価格競争が激化するのは事の道理である。

価格競争は、すなわちコスト競争でもある。となると、とどのつまりが粗製乱造をあおって、業者間で足の引っ張り合いになった。

マンション販売というのは、業者にとってスペース商売である。スペースに余裕がある住空間を確保しようとすると、それは億ションとして高級志向に応えることができよう。しかし、たいがいがスペースを切りつめて、住み心地もなんのその、利幅をとることに汲々とする。

まるで当然のように、手抜き建設工事が横行した。残念ながら、多くは営業サイドからの強い圧力で、設計段階からの手抜きも当たり前になった。

たとえば建築設計基準の最低ラインで設定して天井高を十分に確保せず、ふつうなら十階建てビルの標準の高さで十一階建てマンションを作り、それだけ多い戸数を売り出す。壁厚、床・天井厚も、十分に確保しない。材料も、廉価なもので間に合わせる。

あるいは、これは手抜きといえるかどうか迷うところだが、次のようなことも当たり前になった。

昔から日本の住宅は三尺×六尺（一間）という畳の基本モジュールを単位（一尺＝約〇・三メートル／一間＝約一・八メートル）として設計されており、その畳寸法によって六畳間とか四・五畳間などの広さが決まっていた。したがって畳を六枚敷く六畳間の広さは、一間半（約二・七メートル）×二間（約三・六メートル）の約九・七二平方メートルということになる。これが昔からいう「三坪」に相当する。

ところで、ちょっと専門的になるが、実際の部屋には間仕切りがあり、ふつう柱を立てて壁などを巡らす。その柱（そして壁面）には一般の住宅で十～十二センチくらいの幅（ないしは厚さ）があるわけで、その寸法に左右されず畳の正しい寸法で実質の広さを確保するのが、昔からの習わしだった。

しかし、少しでもスペースを節約するために、というよりスペースを削るために、壁（柱）の芯から壁（柱）の芯までの寸法に、その一間半（約二・七メートル）×二間（約三・六メートル）を適用するということを、誰が考えだしたのか。かりに柱の幅（壁の厚さ）を十センチだとすると、両側で五センチずつ、計十センチを差し引いた芯々寸法で計算すれば、六畳間だと、約二・六メートル×約三・五メートル＝約九・一平方メートルが実際の広さということになる。

せこいようだがチリも積もればで、それにともなう建具その他の寸法も縮まって、建築コストも縮小でき、一戸の住スペースでけっこうな節約となる。

こうして、窮余の策として団地サイズといわれる狭めの部屋が流行するようになった。それでも、まだ芯々寸法に約二・七メートル×約三・六メートルという正確なモジュールを適用しているあたり可愛くて許せるのだが、その芯々寸法すらまともに確保しない寸詰まりの六畳間などが、民間マンションで数多く見られるようになった。

既製の家具や家電製品その他の調度類が基本モジュールをもとに市販されていて、新しくマンションを買ったものの家具などが入らなくて、じつは欠陥マンションだったというトラブルが続出した。

わが社のマンションも、その例外だったとは言い切れないのが悲しい成り行きである。

いま街を歩き、狭い土地に、外壁がひび割れし、コンクリートが一部剥がれ、またいかにも窮屈そうに設計されているなと思う、そういうマンションを見るにつけ、私の手がけた作品を直視できないのは、もしや同じ様相を呈していないかと心配でたまらないからである。

ふと、いまの世の中「瑕疵《かし》だらけ」ではないかと思う。たとえば山陽新幹線でトンネルや高架線床のコンクリート片が落下する事故が相次いだのは、材料に問題があり、また工法にも手抜きがあったのは明らかだ。東海村の原子力発電所関連施設で臨界事故があって、あまりな杜《ず》撰《さん》さに世間は驚いた。一時が万事である。

それぞれに係わった人は、いったい自分の為したことを直視できるだろうか。それでも仕事に誇りをもって胸を張れるだろうか。

あの湯島ハイタウンは、そういう点で精一杯に取り組み良心的に作ったと自分では思っているが、それももう築三十年余で、いかんせん随所にガタがきているのではないかと少々ハラハラしている。

とうとうサラリーマンを辞める

人一倍しゃにむに仕事に精を出し、それ相応の地位や名声を得た。しかし、街を歩いていて自分の作品を直視できない悔悟の念が先に立つというのは、やはり変である。

いったい自分は何をやってきたのだろう。なんとなく馬齢を重ねてきただけじゃないのか？高揚しているときは、むしろモーレツサラリーマンであることが、あたかも最前線を担う戦士のように誇らしげに思えたこともある。

しかし、いまその日常を思い起こすとき、二日酔いで目をあけて澱んだ空が眩しかったり、ふと、惰性で昨日を生き、今日を過ごし、明日もそうなのかと、気が重くなった瞬間のことが蘇ってくる。それがワーカホリックという中毒症状なのだろう。

こんな気持に襲われるとは、還暦ちかくなるまで思ってもみなかった。

いや、自分の心境の変化を正しく思い起こせば、昭和五十九年に四十九歳で藤和不動産を退社した頃から、無意識に感じていたのかもしれない。

私が飛ぶ鳥を落とす勢いだった頃、藤和不動産のトップは牧野誠一社長に代わっていた。大蔵官僚だった人で、大局観もあった。牧野社長は私の説く開発上の税理論を支持し、不況時にもかかわらず私のプロジェクトを全面バックアップする方針を打ち出した。そんな開発営業の私が二年間だけ経理担当の役員に抜擢されたのは、偏った経験しかない私に別な経験を積ませる配慮からだったろう。もしかしたら私を将来のトップ候補としてお考えだったかもしれないと思ったら、不遜にすぎるだろうか。

その牧野社長が、がんで急逝された。代わって藤和不動産の新社長に就いたのが、親会社であるフジタ工業（当時）で経理担当の忽那栄副社長だった。私は、また開発営業に戻った。

新社長になって、微妙に販売重視へと軸足が移ることになった。それまでの藤和不動産は、仕事の精通者をプロジェクトマネジャーとして、企画から開発、営業、販売・引き渡しまで一貫して責任をもって行うプロジェクト制をとっていた。つまり、たとえば私はＳＤ事業に関しては一国一城の主だったのである。

忽那社長は、そのプロジェクト体制を、企画本部、営業本部、流通本部に三分割した。トヨタもトヨタ自工とトヨタ自販がある、メーカーと販売は別部門にかぎる、というわけである。

その例として引き合いに出されたトヨタ自工とトヨタ自販は、間もなく時代に合わないとトヨタに一本化されたのは皮肉だが、とにかく私は「それぞれの部署がノルマに追われ、また販売上問題のあると思われる案件も、企画ノルマ達成のためにと目をつぶって企画部門が採用するようになりますよ」と大反対した。うまく売れないと責任を他人に転嫁するようになることも、十分に予想された。

そのような意見具申が度重なれば、出る杭は打たれる。きっと私もサラリーマンとしての出世街道を絶頂にまで登りつめようとして、増長していたのかもしれないとは思う。

私は、嫌気がさした。そうして私は、自分から藤和不動産での常務取締役の職をなげうった。いっとき腰掛けを許してくれた某社の好意に甘えて冷静さを取り戻してから、懇意にしていたミサワホームの三沢千代治社長に請われて同社に席を置き、そうして不動産事業の世界に復活した。

ミサワホームでは同じく常務取締役として、等価交換システムに数々の開発手法を加味した「ダイヤモンドシステム」を立ち上げ、また資産運用の「ファイナンシャルプランナー」も育て上げた。こうして土地活用のソフト化路線を提唱し、かつその路線を敷いて、三沢社長の好意に報いた。

そして、またまた業界に新風を吹き込んで脚光を浴びたのだが、それでも、こんどは有頂天にはならなかった。

内心は、冷静だった。三沢社長の好意と厚遇には、感謝の言葉を知らない。しかし私は、生え抜きではない立場をわきまえていた。やるだけのことをやったら、他の多くの社員が定年退職するのと同じように身を引こうと、ずっと考えていた。そして、不動産コンサルタントとして独立する心づもりをしていた。

そろそろ、その時期が来たかなと思うようになった頃から、私は相応の準備を始めた。

役員(常務取締役)をしていたから、秘書が二人ついていて、一人は私の多忙な毎日のスケジュールを調整したり、出張の手配等をやってくれていた。もう一人は、私の読みづらい手書きの原稿や書類をワープロで清書してくれる仕事に専念していた。いわば自分では箸一つ持たずに、食べたい物を食べさせてもらっていたようなものである。

身の回りのいっさいを世話してくれる秘書と決別することになるのだから、まず切符の手配や予約のしかたなど、旅行会社に同道してもらって手続きを覚えた。そして、ワープロのキーボード打ちを習った。手とり足とり、独立独歩する道筋を教わった。

さらに、それまで送り迎えには無線タクシーを使わせてもらっていたが、出退社も移動にも、自分の車を使うようにした。

こうして、同社を辞した翌日から、なんの支障もなく、いまの事務所で不動産コンサルティングの仕事を始めることができた。

あっ、よりどころが見つけられそうだ

独立独歩する日常には困らなかったが、しかし、精神的な支えがない日々を送るようになっていた。

すなわち、街を歩いていても自分の作品を直視できないし、落ち着けないことに戸惑い、砂を噛むような味気なさを覚え、いったい自分は何者なのだろうかと混乱をきたすようになっていた。そして「生きている証《あかし》が欲しい」と餓《かつ》えたが、それをつかめないままに悶々としていたのである。

サラリーマン生活におさらばして、ほんとうは不動産コンサルタントとして第二の人生を満喫しようと考えていた。ところが、心にポッカリ空いた穴が日に日に大きくなるようだった。

平成七年の暮れに還暦を迎えたときも、周りから還暦祝いの言葉をかけられようと、私の内心では「生きるよすがもないままに、あの世に旅立つとしたら、あまりに寂しい」と、まるで迎えた還暦を人生の終焉が宣せられたことのように思ったほどである。

そうして明けて迎えた正月も、焦りすら感じて過ごした。

その正月三が日も三日に、突然、目の前が開けた。

そして「俺は生まれ変わるんだ」と予感し、あたかも息せき切るかのように源氏物語に没頭

し、花のこと、月のことを、いろいろ学んだ。

花を知り、月を知り、古典をひもとけば、いかに昔の人が注意深く花や月を観察し、いかに感慨一入《ひとしお》に愛でていたかが偲《しの》ばれる。

そういう感性に触れ、同じ世界にひたることができると、じつに豊かな気分になるではないか。ふつふつと嬉しさがこみ上げてきて、ひょっとしたら砂漠のように乾ききっていた自分の心が、すっかり潤うような気までしてくる。それは、どこか非常に懐かしい感覚だった。ひるがえって、それまでの自分には、心を震撼させ、事物に驚き、感動し、血潮を滾《たぎ》らせた、そういう記憶がどこを探しても見つからない。

私に霊感のようなものがあるとは思っていないが、あの、ちっぽけな一つの鍵が、それまでとはまったく違う世界への扉を開けてくれたのだと、いまは信じられる。還暦が人生の終焉なんて、とんでもない。ひょっとしたら、新しい人生が始まったのかもしれない。

そうして、心が晴れ、気分が浮き浮き華やぐようになった。見るもの、聞くこと、なにもかも感動することばかりである。

いまは、かつて一心不乱に働いて、それなりに他人様に自慢できる実績も残したサラリーマン生活の頃より、むしろもっと充実した人生を楽しんでいる。嬉々として元気だ。人生の現役まっ盛りという気持なのだ。

子ども時代はさておき、ひょっとしたら大人になって以来、いまが最も「自分の人生を生きている」という確かな実感を覚えながら毎日を送っているといえるかもしれない。

そして生きるよすがというか、よりどころが見つかったような気すらしている。

のちに『古事記』を読んで見つけた言葉に「依代《よりしろ》」というのがあって、これは私の好きな言葉になったのだが、それは平たくいえば「よりどころ」ということだ。いわば神霊がのりうつる意味の「憑依《ひょうい》」において、そののりうつる媒体のことを依代という。日本人は、言葉に不思議な霊威が宿っているとみて「言霊《ことだま》」と表現するのを大切にしてきたが、まさに依代とは絶妙の言霊だと思う。

初めは焦点がぼやけていた依代が、いまは、なんとなく輪郭が見えてきているような気がしている。

同窓会で見た「元気印」たち

還暦を過ぎてほどなく、高校の在京同窓会が行われた。集まったのは、二十人ほど。うち、かなりの人数が第一線からリタイアしていた。

初めは懐かしさも手伝って笑顔を交わし合い、弾む言葉も飛び交った。そして杯を重ねるピッチも上がった。

やがて酔うほどに、それぞれの態度物腰から、仲間のいまある様子が見えてきた。ちょっと傍観してみると、おおよそ三つに分類できそうである。

まず弁護士や大学教授、あるいは経営者たちは、おおむね元気がよい。年齢からして監査役に回っている連中も、まあまあ元気だ。

いま生まれ変わろうとして、わくわく、どきどきしている私も、この部類に入るのだろうか。

また現役から退いているものの、話してみると、バードウォッチングに熱中していたり、パソコンを自分のものにしてインターネットに挑戦しようとしていたり、あるいは百名山をめざそうと山登りに明け暮れている連中も、溌剌としている。

以上の二組が、座を盛り上げている。

ところが、たとえば超一流会社に就職して一番の出世頭だと誰もが認める存在だった男が、どうも冴えない表情で坐っている。たしか定年退職して悠々自適の生活を楽しんでいると聞いていたが、その彼が、しみじみと「いやあ、俺なんて隠居老人だよ。仕事があって元気に現役で働けるお前はいいいな」と羨ましがる。

そういわれて、あらためて見渡すと、同級生のうち定年退職組で、あと何もしていない連中はシュンとして元気がない。悪酔いして「暇で、やることが何もない。そんな俺を見て、女房子どもは疎んじるし……」と、からむ手合いもいる。

考えてみると、もう一つのグループもあるかもしれない。こうした同窓会に出て、他人の自慢話や、子や孫の話を聞くのは、ご免こうむるという連中だ。そうしたことがそもそも嫌いなタイプもいるし、また現在の自分の境遇と比較し、比較されるのが嫌だと、欠席する者もいよう。

こうしてみると、日常に緊張する関心事を持っているか、何か強い興味の対象を見いだして、そうして日々を送っている連中は元気がよい。それと、総じて女性の元気よさが目立つのは、なぜか。

私は、サラリーマンとして在職中に、わずかに精神的な支柱かなと思えるものがあった。米アラバマ州バーミンガムの出身だというサムエル・ウルマンという詩人の「青春（HOW TO STAY YOUNG)」という詩である。

この詩は、第二次世界大戦が終わった直後に『リーダース・ダイジェスト』誌で紹介され、アメリカで多くの共感をよんだという。米国極東総司令官として日本にも赴任したマッカーサー元帥も愛唱したといい、その自室にはワシントン、リンカーン両大統領の写真とともに、この詩を掲げていたそうだ。

そのマッカーサー元帥のエピソードと、そして詩に感動した岡田義夫という人が、それを翻訳している。また同氏と懇意の元トッパンムーア社の故・宮沢次郎会長が、同じくその詩に感動して「青春の会」という集まりを組織したということを耳にした私は、若輩ながら、さっそく仲間に入れてもらった。

そして昭和六十二年だったか、私は宮沢氏に懇望して、その詩の額を譲ってもらい、会社の自室に飾っておいたものである。その岡田訳の「青春」は、次のような詩である（原文ママ）。

青春とは人生の或る期間を言うのではなく、心の様相を言うのだ。
優れた創造力、逞しき意志、炎《も》ゆる情熱、怯懦《きょうだ》を却《しりぞ》ける勇猛心、安易を振り捨てる冒険心、
こう言う様相を青春と言うのだ。
年を重ねただけで人は老いない。理想を失う時に初めて老いがくる。
歳月は皮膚のしわを増すが、情熱を失う時に精神はしぼむ。
苦悶や、孤疑《こぎ》や、不安、恐怖、失望、こう言うものこそ恰《あたか》も長年月の如く人を老いさせ、
精気ある魂《たましい》をも芥《あくた》に帰せしめてしまう。
年は七十であろうと十六であろうと、
その胸中に抱《いだ》き得るものは何か。
曰《いわ》く驚異への愛慕心《あいぼしん》、空にきらめく星辰《せいしん》、
その輝きにも似たる事物や思想に対する欽仰《きんぎょう》、事に処する剛毅《ごうき》な挑戦、

小児の如く求めて止まぬ探求心、人生への歓喜と興味。
人は信念と共に若く　疑惑と共に老ゆる。
人は自信と共に若く　恐怖と共に老ゆる。
希望ある限り若く　失望と共に老い朽ちる。
大地より、神より、人より、美と喜悦、勇気と壮大、
そして偉力《いりょく》の霊感を受ける限り、人の若さは失われない。
これらの霊感が絶え、悲歎《ひたん》の白雪が人の心の奥までも蔽《おお》いつくし、
皮肉の厚氷がこれを固くとざすに至れば、
この時にこそ人は全くに老いて、神の憐《あわれ》みを乞《こ》うる他はなくなる。

この詩を、いくたび口ずさんできたことか。あいにく、そうして口にしていたにもかかわらず、それが得られないままに、私は長い間ずっと煩悶していたとは皮肉なことだ。

そうしたものが得られているか否か、それはうかがい知れなかったが、同窓会で元気のよい連中は目の輝きが違うようで、そこにウルマンのいう「青春」が宿りつづけているのだろうと思った。

【第三章】

いま、青春する

旅立とう、きっかけは周りにごろごろある

還暦前は、ウルマンの「青春」が上滑りしていただけなのだろうか。いや、もしかしてその詩の一節にある、

「驚異への愛慕心」
「空にひらめく星晨、その輝きにも似たる事物や思想に対する欽迎」
「事に処する剛毅な挑戦」
「小児のごとく求めて止まぬ探求心」
「人生への歓喜と興味」

といったものは、私にとって、六十年の歳月を経てようやく獲得できる境地だったのかもしれない。還暦を過ぎたからこそ、ウルマン曰く「偉力の霊感」を受けたのかもしれない。そうなのだ、年齢が「七十であろうと十六であろうと」青春は青春、その「心の様相」しだいなのだ。私は、いたずらに馬齢を重ねてきたのではないとわかって、舞い上がらんばかりに嬉しくなった。

そして、旅立ちを決意した。徘徊けっこう、足の向くまま気の向くままに、どこまでも歩いて行こう。

そして、面白い人生を掴むきっかけは自分の周りにごろごろ転がっていることに気づいた。森羅万象すべてが、その対象だ。

道端に咲く草花に時節の移ろいを発見して、驚くのもよい。月の満ち欠けを仰いで、きっと感激するだろう。また昇りゆく朝日を見て、感涙にむせんでしまうかもしれない。沈みゆく夕陽を眺めては、変転してやまぬ無常と浄土を想うのもいい。美しい文章に触れることができれば、感動するがままにまかせよう。

さて初めの頃「源氏物語」について、私は、新聞や雑誌に載るその関連記事は、残らずスクラップした。テレビやラジオで放映される関連の番組も、必ず録画ないしは録音した。催し物も見逃さなかった。そのことによって自分なりにストーリーの肉づけができ、思わぬヒントからストーリーの背景が浮かび上がってくる。

ある日、なにげなくNHK教育テレビにチャンネルを合わせる機会があった。何やら雅な風景が流れ、三田村雅子という講師の熱のこもった講義が続いていた。

どうやら源氏物語を解き明かしているらしい。小柴垣から少女を垣間見る場面が放映されている。

そうか、光源氏が、すっかり魅入られて一度だけ切なくも甘美な夜を過ごしたことのある継母の藤壺が、夫である帝が崩御して実家に去った後のこと、忘れられないままに病んで加持祈祷にでかけた。そのとき藤壺の面影を偲ばせる少女を見かける。その「若紫」の巻だなとわかった。

似ているのも道理、その少女は藤壺の姪で、まさに光源氏好みだった。この少女を源氏は半ば強引に引き取って傍に置き、そうして紫上《むらさきのうえ》として生涯の伴侶にする。

それはともかく、新聞のテレビ欄では一週間分のプログラムがわからないから、NHKサービスセンターから発行されているテレビ・ラジオ番組の紹介雑誌『ステラ』を本屋で買ってきてパラパラとめくった。すると驚いた。教育テレビ欄の一週間を追ってみると、その充実した内容が素晴らしい。たまたま観た源氏物語の講義は、毎週水曜日の「古典への招待」という番組だった。

講座には『源氏物語』のほかに『説話（宇治拾遺物語・発心集）』『竹取物語』『徒然草』『漢詩』『和歌（万葉集・古今和歌集・新古今和歌集）』『平家物語』『枕草子』『更級日記』『俳句』『西鶴の小説』などが用意されていた。それらの古典をわかりやすく、その中身に相応しい映像とともに放映するという。

その番組用のテキストが刊行されているというので、さっそく買い求める。こうして私は「古典への招待」にチャンネルを合わせるのが病みつきになっていく。

『源氏物語』から『枕草子』へ

清少納言の『枕草子』については、やはり野呂先生の、あの高校時代の梗概を覚えている。

――「枕草子」っていうのはだな、別に枕辺に寝そべりながら読む随筆っていうわけじゃないんだ。たぶん、その当時に流行っていた「歌枕」から由来しているんだろう。それにしても、さっき読んだ第一段は有名な段だよ。「春は、曙《あけぼの》。夏は、夜。秋は、夕暮れ。冬は、早朝《つとめて》」なんて、体言止めが、じつに上手《うま》いな。歯切れがいい。それに、烏が夕暮れ刻《どき》に帰るさまを「三つ、四つ、ふたつ、みつ」と数えるあたりも、にくいね。君たちだったら、一つ、二つ、三つ、四つなどと平凡に数えるんじゃないかな。「枕草子」については以上。で、次は「源氏物語」――と、冒頭の記憶がよみがえった話に続くのである。

そういうわけで、私は詩的な韻を含んだ枕草子も高校時代に好きになっていた。そのことを思い出し、少し枕草子の世界も覗いてみようという気になった。

この枕草子に関して「古典への招待」では、第二百八十段（『新潮日本古典集成』より）を取りあげていた。そこに清少納言の真骨頂が発揮されているというのである。

中宮定子に仕えた彼女は、宮様からさりげなく問いかけられたことに、身をもって次のような答えで応じる話である。

――雪いと高く降り積もったのを、いつになく御格子を下ろされ、炭櫃《すびつ》に火をおこして、物語などして集まり伺候していたとき、「少納言よ、香爐峰《こうろほう》の雪は如何ならむ？」と(宮様が)仰せられたのに応え、(白楽天の「香爐峰の雪は簾《すだれ》をかかげて見る」という漢詩にならって)御格子を高く巻き上げますと返答したら、にんまり宮は笑われた。(清少納言以外の)女房みな「そうしたことを私たちも知っており、歌などにも詠いますが、(とっさの宮のお言葉に)まったく思いも寄りませんでした。やはり少納言は女房として然るべき人なのですね」と言う――

そういうことを堂々と書く清少納言の自画自賛ぎみのところは多少鼻につかないでもないのだが、とっさに対応できる彼女の広い教養には脱帽せざるをえない。

左遷された白楽天《はくらくてん》が、江西省九江の名勝・香爐峰が見える所に住んでいたとき詠んだ詩歌の一節にある「香爐峰雪撥簾看」という部分を、じつに当意即妙に引用したわけだ。

清少納言については、また、

「夜をこめて　鳥の空音は　はかるとも　よに逢坂の　関はゆるさじ」

という和歌が小倉百人一首にあるのを、のちに知った。

夜であるのをごまかして、鶏の鳴き声を真似て夜が明けたなどと騙そうとしても、逢坂《おうさか》の関守はけっして許しませんよ、というのが大意だというが、これは孟嘗君《もうしょうくん》の「鶏鳴狗盗《けいめいくとう》」の故事に通じていなければ、しつこい藤原行成のナンパに対する返歌として詠めないだろう。

斉の国の孟嘗君は戦国の四君の一人とされた人物で、その才気に惚れた秦の昭王に招かれ、秦の宰相となった。しかし孟嘗君が斉に戻ろうと考えているのを知った昭王は、あるとき孟嘗君を招いて、こっそり誅殺しようとする。これを察知した孟嘗君は、昭王お気に入りの女性に贈り物をして釈放された。

その帰途、釈放したのを後悔した昭王が仕向けた追っ手から、夜陰にまぎれて函谷関《かんこくかん》で難を逃れる。函谷関の関守は鶏が鳴かないうちはけっして開門しないことを知っていた孟嘗君は、自分の食客《しょっかく》の中から鶏の鳴き真似が上手な者を選んで鳴かせたところ、つられて本物の鶏も鳴きだし、そうして開いた扉の中に逃げ込んで助かったのである。

ＮＨＫのラジオで平成十一年から毎週日曜日に、学習院大学の永井和子教授による『枕草子』の講義が第一段から始められているが、最後の第二百九十八段が完了するのは、いったいいつになることか。まだまだ日曜日の午後の楽しいひとときが続くはずだ。

受精卵が細胞分裂を始めた

源氏物語では紫式部が、やはり白楽天の長恨歌《ちょうごんか》を引用して、桐壺の更衣に先立たれた帝の悲嘆ぶりに、楊貴妃を失った玄宗皇帝の哀しみをダブらせている。

そうしてみると紫式部といい清少納言といい、その教養の高さはどうしたことだろう。千年も昔に、女性が、すでに中国の漢籍に精通しているのである。

たとえば、わが愛しの紫式部とは、いったいどういう女性なのか。というわけで、私は紫式部についての伝記がないものかと探してみた。そうしてわかったことには、式部の父親は藤原一族の出で、藤原為時《ためとき》という漢学者だった。その娘なのだから、漢籍に通じているわけである。

幼少の頃、たぶん兄であろう惟規《のぶのり》という息子に父親の為時が教えているのを、門前の小僧よろしく式部が傍《かたわ》らで聞いている。あるとき父親が惟規に前日のおさらいの質問をすると、惟規は答えられないのだが、横から式部が口をはさんで正確に答える。

父親の為時は、思わず「お前が男だったら、どんなによかったことだろうにな……」と独白する。式部は、そういう女性だった。

同時代の清少納言にしてもそうだが、のちに平安時代の様子を伝える「栄華物語」(作者不詳)を読んで、当時の女房たちがそうした教養と、そして清純な人柄を兼ね備えていないと、宮中に入れないことがわかった。

あらためて古《いにしえ》のインテリ女性を敬愛したくなる。

平安時代は、どちらかといえば女性社会だったようである。源氏物語にしても、しばしば男が泣いたり、どうも女々しいかなと思わないでもない情景が出てくるのだが、そういう世の中だったのであろう。だからこそストーリーが艶っぽいのかもしれない。

ひるがえって、そういう女性上位の世の中でも、特級の女性たちと次々と浮き名を流し、恋遍歴のかぎりを尽くすのだから、光源氏は凄い。そこのところで、わが身をそういう境遇に置いてみる想像も、悪くない。

紫式部が引用した長恨歌の全文も、私としては読みこなしてみたくなった。いや清少納言も引いたという白楽天をはじめ、とうとう中国の漢詩を学習してみたくなった。

源氏物語に端を発して、私は、そういう世界へと誘《いざな》われていった。いうまでもなく源氏物語は、花鳥風月を愛でる気持を私の中に芽生えさせてくれたし、つまり、ウルマン曰く「人生への歓喜と興味」が汲めども尽きず沸いてくるのである。

もう止める薬は、どこにもなかった。そのように次から次へと興味の枝葉が伸びて、そのおもむく勢いは止まるところを知らなくなった。

生々しい比喩だが、あらためて……たとえば私という精子が、源氏物語という卵子に入り込んで、まさに受精に向かって全エネルギーで突進していくような、ひどくエロティックな感覚に襲われた。

いや昨今のバーチャルリアリティではないが、あの鍵穴に鍵を挿れる行為というのは、私が紫式部と空想上で同衾をしていたのかもしれない。

そうして受精した卵は、たちまち細胞分裂を始めて、驚くべき数に膨れ上がり、そのように私の興味は四方八方に増殖していった。

エクスタシーに似た快感

興味が、爆発するかのように四方八方へと増殖するのは、まるでエクスタシーにも似た快感だった。

その興味のほとばしりが、まず思わぬ方向に向かって行った。たとえば源氏物語で光源氏のドンファンぶりが目にあまって、とうとう須磨の地に蟄居《ちっきょ》するところとなり、そうしたとき都での栄耀栄華を夢見た明石入道が光源氏に接近してくる場面で、重要な意味をもってくる住吉大社に、私の興味が焦点を結んでしまった。

明石入道は、熱心な住吉大社の崇拝者だとされる。光源氏の亡き父帝も、須磨に蟄居していた源氏の夢枕に立って「住吉の神の導き給うままに（須磨を）去るがよい」などと告げている。そのお告げをきっかけに、光源氏は、兄の朱雀帝《すざくてい》から流謫《るたく》を解かれ、晴れて京に戻ることになるのだが、とにかく住吉大社が霊験《れいげん》あらたかだと描かれている点が気になった。

その霊験とは、いったいどういうものなのだろう。ウルマンの詩でも岡田訳では「霊感」という言葉が使われているが、それと同じことなのか、それとも違うのか。

その後いろいろ読むようになった古典には、随所に神社仏閣が登場し、ストーリーを決定づけているが、そもそも神社や仏閣というのは、人々にとって、どういう意味を持っているのだろうかと興味が沸いたのである。

こうして、私の神社仏閣巡りの旅が始まることになる。

また平安時代に、誰もが、そこに栄耀栄華があると夢見た京の都とは、いったいどういう所なのかと、これまた探訪したくなる。それまで何度も京都へ行ったことがあるが、それは出張で、駅を降りれば目的地に直行し、すぐトンボ返りするという慌ただしさで、何も見ていないに等しい。こんどは時間をかけて、じっくり由緒のある旧蹟や神社仏閣を歩き回ろう。

まずは、住吉大社である。そこは、なぜ霊験あらたかなのだろう。霊験あらたかなのは、その御祭神に霊力があるということなのだろう。では、いったいどういう御祭神が祀られているのだろう。

出かける前に、とりあえず予備知識をと、またまたお得意の大盛堂書店に出向いた。神社のことを調べようとしたのである。

大盛堂書店で求めたいと思った本がけっこうな値段なので、本屋さんに申し訳ないが、ここは何度かかよって『神社総覧』を調べることにし、住吉大社の御祭神を知った。

その御祭神というのは「底筒男命《そこつつのおのみこと》」「中筒男命《なかつつのおのみこと》」「表筒男命《うわつつのおのみこと》」「息長足姫命《おきながたらしひめのみこと》」の四柱だという。

聞いたこともない。というより恥ずかしながら、マンションの地鎮祭や上棟式、竣工式などで清祓《きよはらえ》の儀式を行うときに、神官が唱える祝詞などで聞かされる神の名や、童話のようにかすかに耳に残っている「天照大御神《あまてらすおおみかみ》」「須佐之男命《すさのおのみこと》」「大国主命《おおくにぬしのみこと》」くらいの名は知っていた。ただし、それらがどういう神なのかは知らない。ましてや、それ以外の神々のことは、まったく知らなかった。

その神々の解説を、たとえば百科辞典に求めるのもいいだろうが、ただ無味乾燥な学術的説明をあたるのではなく、生きた教材が欲しかった。そういえば日本で現存する最古の書物だという『古事記』なら、そうした神々のことが物語として出てくるのではないか。

そう思うと矢も楯もたまらず、まずは文庫本の『古事記』上・中・下巻を買い求めた。神社仏閣巡りをする前に、古事記を読み始めてしまった。

古事記の構成は、序に続いて、上巻が「神代編」で、天地《あめつち》の初めから話は始まり、神武天皇の祖父にあたる火遠理命《ほおりのみこと》のことまでが叙述されている。中・下巻は「人皇編」で、中巻は初代の神武天皇から応神天皇まで、下巻は仁徳天皇から推古天皇までの物語になっている。

文庫本三冊を一気呵成に読んだ。まず読み下し文にざっと目を通し、あらためて現代語訳を読む。この段階では、もちろん上っ面の読み方でしかない。

しかし、どこかで目にしたり聞いたことのある神話や、また初めて知る神話など、けっこう面白く構成されているのに感心した。

学校時代に得意な英語の授業で、たぶんその類の本を読む機会があって、それでギリシャ神話については、多少知っていた。ところが、肝腎の自分の国の神話については、まったく系統的に把握していなかった自分に呆れてしまった。ましてや天照大御神、須佐之男命、大国主命以外の神々を知らないのである。

上巻は「別天つ神《わけあまつかみ》五柱」「神世七代」「伊邪那岐命《いざなぎのみこと》と伊邪那美命《いざなみのみこと》」「天照大神と須佐之男」「大国主命」「葦原中国平定《あしはらなかつくにへいてい》」「邇々芸命《ににぎのみこと》」「火遠理命《ほおりのみこと》」と続き、この上巻の中に、幼少の頃に聞いたおぼろげな記憶の神話が多く出てくることがわかった。

驚いたのは、神武天皇の項で、神武天皇として即位する前の若き神倭伊波礼毘古命《かむやまといはれびこのみこと》が、兄の五瀬命《いつせのみこと》と東征の旅に出陣したときのくだりである。

兄の五瀬命は、その途上で長髄彦《ながすねひこ》と戦って、御手に矢を受けて命を落としてしまう。弟の神倭伊波礼毘古命は、その忍阪《おさか》の地で、尾の生えた土蜘蛛《つちぐも》（じつは土豪、その頭目が長髄彦）を討伐しようと、久米歌《くめうた》を詠まれた。その歌で「撃ちてしやまむ」と叫ばれたという。

えっ、と戦時中を思い出す。私たちは「撃ちてしやまむ！　鬼畜米英！」という標語のもとで育った世代である。

東京が空襲され、また各戦地で玉砕の報が続く中で、その文字が決戦標語のポスターに踊っていた。銃後の守りを担う私たち少年は、日夜駆り出され、この標語を染めた幟《のぼり》の下で防空演習させられたものだ。その「撃ちてしやまむ」の文言が、古事記からきていたとは……。

神社仏閣巡りでわかったこと

とはいっても古事記は、やはり読み下しづらいところがある。そこで、古事記に関する研究では大家で『古事記事典』を編んでおられる國學院大學の尾畑喜一郎名誉教授を訪ね、師事したいと乞うた。

そういうところはビジネス戦線を渡り歩いた歴戦の勇士きどりで、図々しいというか、あつかましい度胸がある。

しかし先生も、そこは特攻隊あがりということで、亥年《い》の生まれの私の猪突猛進に、びくとも動じない、なんと先生も私より一巡り上の同じ亥年で、どこの馬の骨ともわからない男を快く弟子にしてくださった。そうして、古事記を私なりに深掘りできた。

天《あま》つ神の命令で、伊邪那岐命と伊邪那美命の二柱の神が「漂っている国土を整えて造り固める」使命を帯びてこの世に降臨され、現在の日本の国を生成された。そして数多くの神々を次々と産んでいくのだが、伊邪那美命は火神「迦具土神《かぐつちのかみ》」を産むときに火傷をして神避《かむさ》り（死亡し）、黄泉の世界へと旅立った。

伊邪那岐命は恋女房の伊邪那美命を忘れられず、この世に戻ってくるよう黄泉の世界へ迎えに行く。すると伊邪那美命は入口に出てきて「貴方を待ちわびて、もう黄泉の世界の食べ物を食べてしまったので戻れない」と言う。しかし伊邪那岐命は、なんとしてでも連れ戻すと譲らない。

困った伊邪那美命は、黄泉の世界の神様に聞いてくるから待っているようにと、中へ入って行く。けっして中を覗かないように、と注文をつけて。……なかなか戻らないのを待ちかねて、伊邪那岐命は黄泉の世界へ忍び込むと、そこに伊邪那美命の変わり果てた腐爛白骨死体があるのを見て、驚いて遁走する。

見るなと言われると、なお見たくなる男の習性は、神代でも同じなのか。見て幻滅するのも、また同じ。

あの世からの恐ろしい追っ手を振り払い、命からがら黄泉比良坂《よもつひらさか》まで戻った伊邪那岐命は、この世と黄泉の国の出入口に千引《ちびき》の岩を据えてふさぎ、ようやくのことで帰還する。そして筑紫の日向の橘の小門《おど》の阿波岐原《あわきはら》で、穢《けがれ》を祓《はら》い、禊《みそぎ》する（清める）のである。

今日、汚職にまみれた政治家が、厄を祓い、禊ぎをするのだといって血みどろの選挙戦を戦っているが、そんな自分の保身という私心のために「禊」などという言葉を使ってほしくない。禊とは、神の生成にかかわり、神ながらの道（神道）にも通ずる、つまりは真に人として生きるルーツを問う行為なのであって、私利私欲とは正反対の道徳概念だ。

それはともかく、その祓や禊のために水にもぐって、そこで身を洗い清められたときに成った神が底筒男命《そこつつのおのみこと》で、水の中ほどで成った神が中筒男命《なかつつのおのみこと》、水の表面で身を洗い清められたときに成った神が表筒男命《うわつつのおのみこと》であり、古来それらは海路を守る神として崇敬されている神々である。いずれも、例の住吉大社の御祭神である。

つまり、光源氏が須磨の浦から明石を経て京にのぼるには、いずれにせよ海路や水路を行く必要があり、そこで紫式部は、そのシチュエーションの鍵として住吉大社(住吉の神)をモチーフにしたのだろうか。

この古事記と住吉大社がつながったことで、いよいよ私の神社詣でが、スタートすることになった
私も人並みに、還暦直後の平成八年の正月まで、何をさておいても明治神宮かどこかの神社に、ずっと初詣でを欠かさなかった。しかし古事記を読み込んでみると、見識もないままの神社詣でをするのは、しばらくお休みすることにした。

たとえば明治神宮の御祭神である明治天皇は、万世一系の神武天皇から数えること百二十二代も下った末裔である。けっして日本の激動期を生きた明治天皇をないがしろにするものではないが、もっと先に詣でるべき神々の祀られている神社が山ほどあるのではないかと思ったか

らである。

そういう神々が祀られている神社を遍歴して、そのあげくに皇室の系譜を勉強することで、じつは結果として明治天皇の偉大さを思い知って、改めて敬虔な気持で明治神宮の鳥居をくぐることができるようになったものである。

さて、いろいろ神社を歩き回ってみると、日本の神社には大別すると二つのタイプがあることに気づいた。すなわち、まず記紀（古事記と日本書紀）に登場する神々を祭神としている神社が古くからある。伊勢神宮は天照大神、八坂神社や氷川神社は須佐之命、鹿島神宮は国譲りの大立て役者の建御雷神《たけみかづちのみこと》、香取神宮は同じく国譲りに関与する経津主神《ふつぬしのみこと》、箱根神社は天孫降臨にかかわる邇々芸命《ににぎのみこと》と木花佐久夜毘売《このはなさくやひめ》と火遠理命《ほおりのみこと》の三柱、といったぐあいだ。

これに対して、本来は「神」とはいえないのだが、世のため人のために貢献した偉大なる歴史的人物を後世の人が神として祀る神社が少なくない。古くは、全国に数ある菅原道真を祀る天満宮ないしは天神さまとか、豊臣秀吉を祀る豊国神社、徳川家康を祀る東照宮などが、それだ。それはそれで、大切にしたい日本人の心情がなせるわざだと思う。

神社詣では、いまなお進行中であり、まだまだ今後いろいろなことが見えてくるのではないかと、もう胸わくわくである。私は、この日本という国の神々のことを、もっともっと知りたい。

足元にあった私の「誕生寺」

私は、千葉県の勝浦市に別荘を持っている。その勝浦に隣接して興津という町があるが、ここは思い出の地だ。幼稚園や小学校低学年の頃、いつも夏をそこの興津館という旅館で過ごした。

東京は当時しだいに戦時色を濃くしていて、せめて夏休みくらいは、うっとうしい東京の空の下を離れ、大海原に開けた興津で過ごさせてやりたいという、父の親心だったと思う。けっして楽ではない家計を切りつめて、自分は戦局を横にらみしながら東京で勤務せざるをえないが、家族みなを避暑地に長逗留させてくれたのだ。

そういうわけで、その興津館で過ごした日々は、半ば自分の家というか別荘にいたかのように、大きくなっても鮮明に覚えていた。

そうした懐かしさもあって、別荘を持とうというとき、その近隣を探して勝浦を選んだのである。

興津館は現在でも盛業中で、経営者は当時から数えて三代目だとのこと。先日も訪れて歓談してきたが、思い出話で、あの頃その興津館を足がかりに鯛の浦にもよく行ったね、という話になった。

その鯛の浦がある小湊は日蓮上人ゆかりの地で、誕生寺《たんじょうじ》という有名な寺がある。鯛の浦といわれる辺りは、そもそも深海魚であるはずの鯛が、舟の上から餌を撒いただけで海面まで上がってくる、珍しいスポットだという。その乱獲を防ごうという知恵なのかどうか知らないが、その鯛が日蓮の誕生を祝ったという言い伝えを後生大事にし、そういう名前をつけて鯛の禁漁区になっている。

ところで子どもの頃は、ただ誕生寺の境内で遊んでいただけである。しかし神社仏閣に興味を抱くようになってみると、そこはただの寺ではなくなった。

そこは、まさに日蓮が生まれ、十二歳まで過ごした所だった。十二歳で出家して、それからというもの諸国を修業して歩き、三十一歳で帰省したときには日蓮を名乗っており、同じ小湊にある清澄寺で初めて「南無妙法蓮華経」を唱えた。これが日蓮宗の立教開宗とされている。

その題目始唱が地頭の逆鱗に触れ、それから日蓮の苦難の行脚が始まる。日蓮は法難の数々を受け、とうとう佐渡に流される。日蓮は五十二歳のときに赦免されるが、佐渡から戻るときに、なんとあの懐かしい柏崎の番神岬《ばんじんみさき》に漂着したという。そういえば岬にあったお堂がそれを祀ったものだったのか。

ともあれ鎌倉へ戻った日蓮は、また幕府と対立し、鎌倉を去って身延(久遠寺)に入山することになる。日蓮が身延入山したのを機に、その小湊にいたときの弟子が師を偲んで、日蓮が

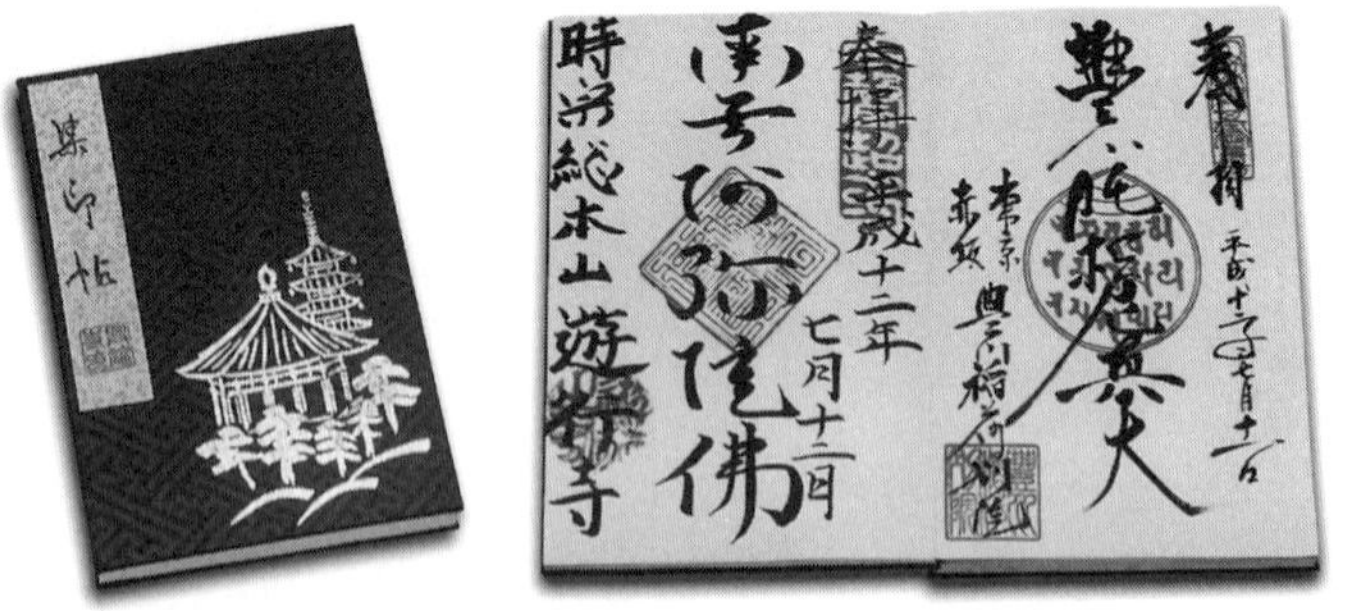

寺社を訪ねて朱印帳にこのように記帳してもらった
今ではそれが10冊をこえた

誕生したときに青い蓮華が咲いたという池の傍に小庵を建てた、それが誕生寺の由緒だということを、ようやく大人になって知った。

そのことを知って感激する私に、友人が誕生寺で朱印帳を買ってくれたのが、三年前。以来まるで子どものように、その朱印帳に記帳してもらいたい気持が半分あって、各地の寺社を訪ね歩くようになった。

いまNHKでは、土曜日と日曜日のBS放送で『平成古寺巡礼』を放映している。これを欠かさず観ている。喜多郎による作曲・演奏の「飛天（FLYING CELESTIAL NYMPHS)」がBGMに流れて始まるその番組は、じつに感動的である。ふつうでは見られない寺の秘仏や特異な行事などが、ブラウン管を通して観ることができるのは有り難い。

和辻哲郎の名著『古寺巡礼』や町田甲一の『大和古寺巡歴』も、もちろん読んだ。

そうして、神社詣でに仏閣巡りも加わった。だいたい神社を訪れる習慣ができると、たいてい近くに有名な寺院があって、そこに寄ってみたくなるのは当然の帰結であろう。

石清水八幡宮で

あちこち歩き回るのは、苦じゃない。サラリーマン時代は、それこそ足を踏み入れない都道府県はないほど出張した。

しかし結局、たんに仕事の打ち合わせや講演、あるいは不動産業だったから現地調査をするなどして、そのまま帰る。その近くの名所旧跡を訪ねることなど、およそなかった。もったいない話である。

当時は、たとえばバーの女性が「あちこち行けて、いいわね」なんて羨ましがる。もちろんそれは彼女たちの、日常を離れて旅してみたいと憧れる気持から出ているのはわかる。しかし私は「冗談じゃない、物見遊山じゃないんだぞ。いまは新幹線もあるし飛行機もある、どこだって日帰りできるんだ」などと、かえって忙しげに振る舞って胸を張っていた。

いま考えれば、それは自慢できることではなくて、せっかく限られた人生、もったいなくもチャンスを活かさない日々を送っていたことを、恥ずかしくもなく公言していたと悔いる。

さて、歌などに詠み込まれた場所などを「歌枕」といい、その歌枕を訪ねることは昔から多くの人がやっている。その歌枕を辿って神社仏閣を訪ねる旅を、私も始めた。つまり私の場合は、さしずめ古典のどれかに出ている寺社へ行ってみるということである。

そうしたとき、その歌枕の名所を、すでに先達が同様に訪れていて、その振る舞いと同じことを自分もするなんてのは、じつに面白い。

先だって、京都の石清水《いわしみず》八幡宮へ行ったときのことである。

ここは平安時代の初めに、南都大安寺の僧だった行教が宇佐八幡宮に籠もり、八幡大神のご託宣を受けて石清水男山の峰に御神霊をご奉安したのが起源だという。そのため石清水八幡宮は、都の守護神ないしは国家安泰の神として、朝廷をはじめ広く人々から篤い崇敬を受けてきた。とくに清和天皇の嫡流である清和源氏一門は、ここを氏神としてきた。源義家が自らを八幡太郎義家と名乗ったのは、それ故だとか。

天慶二年（九三九）に起こった平将門・藤原純友の乱が、八幡大神のご神威によって平定されたとして、ますます国家鎮護の社として朝廷の崇敬は篤くなり、行幸も二百四十回におよんだという。以来、伊勢神宮と並んで皇室の御霊を祀る宗廟《そうびょう》とされ、また勝運・厄除海運の神として親しまれている。

さて石清水八幡宮に、やっと到着して、もう午後も三時をまわっているので神社の門限が近いことを気にしながら、宮とおぼしき所で「朱印はどこでもらえるのか」と尋ねたら、駅からケーブルカーで山頂の本殿に行けばもらえるという。びっくりした。えっ、山頂の本殿？それで思い出した。徒然草に、仁和寺の法師の失敗談が出ている。つまり、こういう話だ。

「年をとるまで石清水八幡宮を拝んだことがなかったので、それが残念で、歩いて独り参詣し、願いが叶ったとして京に戻った。それで仲間に向かって言う。長年こころに秘めていたことをようやく果たした。まことに尊いお宮で評判以上だった。それにしても参拝する人たちが、なぜみんな山に登って行くのか、山の上には何事があったのか。気にはなったけれど、神に参拝するのが目的だったので、山の上までは見物してこなかった、と」

じつは法師が参詣したというのは、石清水八幡宮の本殿ではなくて、男山の麓にある八幡宮の宮寺である極楽寺と摂社である高良明神だったのである。ほんとうの本殿は、男山の頂上にあったというわけだ。

吉田兼好は、この法師に同情しつつ「すこしのことも、先達はあらまほしき事なり」と、ちょっとしたことでも先達、つまり案内者を持ちたいものだと忠告している。

私は教えられて急ぎケーブルカーで山頂まで行き、願いは叶ったのだが、危うく時空を超えて仁和寺の法師と同じ失敗をするところだった。その旅から帰宅して、あらためて徒然草の第五十二段を読み返して、同じ失敗をしなくてよかったと胸をなでおろしたものである。

ちなみに石清水八幡宮に繁茂する竹を、かの世界の発明王トーマス・エジソンが白熱電球のフィラメントに使って成功したそうで、境内にエジソン記念碑が立っている。私が初めて石清水八幡宮に行ったときには、右のような理由で時間がなく、残念ながらゆっくり竹林を散策することはできなかった。

「鳥獣戯画」を見る

京都を歩き回るのは、ほんとうにわくわくして嬉しい。源氏物語から始まって、数ある古典の、いわば歌枕が随所にある。

洛北の、栂尾山《とがのお》にある高山寺《こうざんじ》に行った。ここには明恵《みょうえ》上人が後鳥羽院から賜った石水院という学問所がある。その建物じたいは国宝になっているが、私は明恵上人が詠んだという

「あかあかや　あかあかあかや　あかあかや　あかあかあかや　あかあかや月」

という歌に心引かれ、ここを訪れた。

石水院に身を置いてみて、その南の縁側から見える向山に、庭の赤松ごしに赤い月が出たのを詠んだのではないかと想像するのは、じつに楽しい。

また高山寺には、鳥羽僧正覚猷《かくゆう》の作と伝えられる「鳥獣戯画」がある。これは、猿や兎、蛙などの小動物が擬人的に描かれて遊び戯れ、あるいは空想動物が描かれていたりして、遊び心をかき立てられる。こういう絵があることは、学生時代の教科書で知っていた。

ちょうど私が行ったときは外国人の一団が見学に来ており、ガイドがドイツ語で通訳していた。いささか私には語学に心得があって、ドイツ語と英語を織り交ぜて聞けば、スイスからの観光客だという。

この鳥獣戯画を覚猷が描いたかどうかは、不確かとされる。それら描かれている絵の内容については、いろいろ解釈がなされていて、定説はないとのことである。その内容に想像をかき立てられ、かつ、よほど熟達した絵師の巧みさもあって、鳥獣戯画は、世界にも知られる名画とされているのである。

この絵を見ながら、私は、まったく別な、次のようなことに想いを巡らせていた。

そもそも寺院という建物に関しては、修行する僧が住まう家のことを指していたとのことである。

だいたい仏教というのは、つたない私の理解からいえば、絶対的な存在の神というものを立てず、修行して智慧と慈悲の境地にいたるとする、ちょっと他の宗教とは違った特徴をもつ。

私が第二の故郷と思っている越後と深い因縁がある親鸞にいたっては、妻帯をし、念仏さえ唱えていれば、逆説ながら悪人こそが真っ先に往生できるという「悪人正機」を主張した。そのように極楽往生を求めて修行する僧が住まうのが、寺だといえる。

修行とは、もともと俗人で、未熟者だからこそ、勤める行いであろう。とすれば、私のような俗人で未熟者であろうと、それを受け容れてくれる寛容さに満ちた有り難い空間のようで、ほっと息をつけるというわけだ。

寺は、畜生のような人間も、動物も、とにかく衆生いっさい、そこにいることを許される場所なのであろうと思う。猿や兎、蛙、あるいは空想動物が遊び戯れている鳥獣戯画を見ていると、そういうことを感じさせてくれる。

神を祀る社という意味の神社では、そうもいくまい。神社を訪れ境内に入ったとたん、思わず心身がキュッと引き締まり、威厳を正したくなってしまう。観光旅行で、前夜の宴会が尾を引いて、二日酔いのまま観光コースにある神社を訪れたりすると、どうも息苦しくなってしまう。

あの荘厳で神々しい神社には、身も心も清めて行かなければならない。神社は、そういう空間だという気がする。そこが寺と違うのだと、独り私は合点している。

ところで現実に話を戻すと、今年(平成十二年)の五月に、東京国立博物館で「日本の国宝展」が開催され、さっそく拝観してきた。たとえばテレビの「国宝探訪」といった番組で素晴らしい宝物を観るのもいいが、それを目の当たりにするのは、感動を呼ぶ。ましてや自分が観てきた「鳥獣戯画」と再会できて、「よっ、お久しぶり」と声をかけたくなった。

考えてみると、東京という所は素晴らしい。世界中のグルメを堪能できるからという話ではない。年がら年中どこかの美術館や博物館で、垂涎の美術品や芸術品を観賞できるのである。反面、この時期に高山寺を訪れた観光客こそ、いい迷惑である。当のご本尊が出開帳《でかいちょう》で、観られないのだから。

この原稿を書いている現在も、源氏物語の舞台となった平等院では、雲中供養菩薩像ほか五十二点が東京国立博物館の「平等院展」に出開帳中で、その留守に訪れた人は悲運かな。しかし私は、東京に居ながらにして、それを楽しんでいる。

仏像って、いったい何なのか

ところで、ときどき日本古来の神道に外来の仏教が習合して、じつに独特な寺社の形態を形成してきた軌跡に出くわすことがある。たとえば福井県は小浜に、その名も「神宮寺」という寺がある。ここには「本地垂迹《ほんじすいじゃく》」の考えが反映され、その習合を今日に残す好例だと思う。

仏教には、仏が衆生救済のために仮の姿（垂迹身《すいじゃくしん》）をとってあらわれるという考えがある。垂迹身に対して、その真実身の仏を「本地《ほんじ》」という。この考えを援用して、本地である仏が衆生救済のために、迹を垂れて、仮に日本の「神祇《じんぎ》」となって現れたとするのが本地垂迹説である。

そういう相異なる教理を折衷しながら調合していく「習合」というのは、日本という風土が育んだ文化の貴重な知恵だと思うが、これをぶち壊そうとしたのが、明治維新後の皇国史観である。

廃仏毀釈《はいぶつきしゃく》運動の難を受けながらもしぶとく残った寺院で、国宝級の仏像などに出会ったとき、身が震える。それを眺めていると、なんと人間は愚かしいものよと思うと同時に、その人間を超えた仏像に畏怖の念を禁じ得ない。

ところで寺院を巡っていて、初めよくわからなかったことがある。ある寺のご本尊は「阿弥陀如来像」だという。また別な寺では、それは「千手観音菩薩像」だという。たとえば、その如来と菩薩とは、どう違うのだろう。

そうして、訪れた寺の住職に尋ね、自分でも『仏教大辞典』まで買い込んで調べた。本来「仏像」とは、仏教の祖である「釈迦（仏陀）」に宗教的理想を加味した、理想的人間像なのだという。そして大別すると「如来像」「菩薩像」「明王像」「天部像」「羅漢像」があることを知った。ん、それらが、どう違うのか？

釈迦如来、阿弥陀如来、大日如来、薬師如来といった「如来」とは、修行を完成させた全き人、人格完成者。悟りを開いた人はすべて如来と呼ばれ、なかなかその境地にはいたれないが、すべての人間にそうした如来になりうる仏性があるとされる。えっ、くたばってホトケになるというのではなく、私もほんとうの意味の「仏」になりうるのか。

観音菩薩、弥勒菩薩、文殊菩薩、普賢菩薩、地蔵菩薩などとある「菩薩」は、悟りの成就を欲し、悟りの完成に努力し、悟りを求めて修行する人のことだ。つまり未だ如来(仏陀)にはなれていないが、きわめて近接した人のことだという。

わが身に照らしてみたとき、何ほどのことがいえようか。わずかに「悟りを求めて」という文言が当たらずといえども遠からずのような気がしないでもないが、とてもとても、その成就を欲し修行して完成に努力しているとはいえず、菩薩のボの字すらないであろう。つまり、やっぱり縁なき衆生ということになるのだろうか。

さらに不動明王、愛染明王、孔雀明王などの「明王」というのは、如来の化身の一面で、教化しがたい衆生を折伏して救済することを司り、多くは憤怒の姿に身を変えている。

なお仏教以外の神々が採り入れられて護法神となったのが「天部」で、梵天、帝釈天、毘沙門天、十二神将《しんしょう》、吉祥天、弁財天、日天、月天など諸天部がある。

修行の極意に達して釈迦の弟子となったのが羅漢、正しくは「阿羅漢」という。尊敬、供養を受けるに値する意味から「応供《おうぐ》」とも、またもはや学ぶべきところがないから「無学《むがく》」ともいう。

この羅漢(阿羅漢)に関して、次のような話を聞いた。釈迦の弟子として十六羅漢がいるのだが、この最後に列せられる羅漢の話である。その名を「周梨般特《しゅりはんどく》」という。

子どもの頃に「茗荷《みょうが》を食べると物忘れしてバカになる」といわれた人が多いのではないだろうか。私も、田舎で大人にそういわれた記憶がある。というわけで、茗荷を食べない人がけっこういる。

じつはその話、周梨般特の墓の周りに茗荷が生えてきたところから、そう言い伝えられるようになったそうである。そう周梨般特は、記憶力も悪く、愚鈍で、いってみれば馬鹿だったのである。

その周梨般特に半託迦《はんたか》という兄がいて、これは才気煥発きわめつけに頭がよい男で、釈迦の説法をよく学び、修行もトントン拍子に釈迦の弟子つまり羅漢になった。

その兄に従って出家した周梨般特は、修行中に釈迦の教える短い一言も覚えられず、すぐ忘れる。業を煮やした兄の半託迦は「お前はダメだ、出て行け」と突き放す。

突き放されてしょんぼりしていた周梨般特に、お釈迦様が、講堂に入ってくる弟子たちの汚れている履き物を一つひとつきれいにしなさい、と仕事を与える。ただし、その仕事をしているとき「塵を払い、垢を除く」と繰り返し口にしなさい、と。

お釈迦様に優しくしてもらった周梨般特は嬉しくて、それからというもの毎日まいにち講堂の入口で弟子たちの履き物を、ていねいに清めていた。ただし、すぐに忘れてしまうので、そのたびにお釈迦様に教えてもらいながら……「塵を払い、垢を除く」と。また忘れるので、また尋ねて、そして「塵を払い、垢を除く」と。これを延々と繰り返して、とうとう馬鹿の周梨般特が、他の誰よりも先に悟りの境地に達したと、お釈迦様に認められる。

順番こそ十六番目だが、こうして周梨般特は釈迦の一番の弟子になったという。

この話を聞いて、私は言葉もなく、私の中の想念が渦巻いて混乱をきたした。自分は、この周梨般特と、どこがどう違うのか……。

たぶんサラリーマン社会で私は、兄の半託迦のように、できるサラリーマンとして振る舞ってきたのではないだろうか。ひょっとして、できないサラリーマンを馬鹿にしてはいなかっただろうか、それを愚鈍として。

そういえば「じつは多くのサラリーマンは、たとえ愚鈍に見えても、それは愚直一徹、ひたすら一つ事を成し遂げる貴重な存在なのだ」という話を、どこかで聞いたか、何かで読んだ気がする。景気が悪くなって経営が厳しくなると、トカゲの尻尾は切るしかないだの、やれリストラだのというが、いや「トカゲは、尻尾があってこそのトカゲだ。頭も、胴体も、尻尾も、同じように必要な組織の機能なのだ。全体が整っていてこそ、組織は落ち着く」とする話も、聞いた。

その真意を、どこまで私は理解していただろうか。とにかく私は、実感としては、先頭を猪突猛進するかのように走ったと思う。それがサラリーマンであり、それが働くことだと、疑いもせずに。

それでいながら、やってきたことも自慢できず、作品も直視できないで、鬱々とするようになっていたとは、どういうことか。後に残るは、強者どもが夢の跡、何一つ無いというのでは、あまりに悲しい。

一方、不動産の世界以外のことを私は、まったく知らなかった。草花のことも、月のことも、ほんとうに何も知らなかった。その点では、誰かに「お前は馬鹿だ、出て行け」と突き放されても、ぐうの音も出ない。

そういうサラリーマン衆生だった一人として、ただただ寺の境内に立ちすくんでしまう。正直いって自分には、周梨般特と同じようにせよといわれても、私の性分からして、できるかどうか自信がない。ただ、愚直に生きて、そして悟ったとお釈迦様に認められた周梨般特が、とても羨ましい気がする。

あの寂光院が焼けた！

菩薩とは、悟りの成就を欲して修行する存在のことだという。その菩薩に関して、最近とても印象的なことがあった。というより、ひどく心が傷んだショッキングな出来事が起きた。

平成十二年五月九日、朝のテレビニュースを見ていると、なんと「寂光院の本堂が放火で全焼した」というニュースが目に飛び込んできた。

驚天動地とは、このことをいうのだろう。なぜだ。どうしてだ。もう私は泣けてしまった。涙が止まらなかった。

どういう犯人が、どういう動機から、火をつけたのかは知らない。しかし、午前二時半前というから、まさに丑満《うしみつ》どき、漆黒の闇の中に忍び込む人間に、心安らぐ寝床はなかったのだろうか。そして、寂光院の何たるかを知らなかったのだろうか。

初めて寂光院を訪れたのは、二年前のことである。訪れて、ものすごく感動した。山深き静寂の中に気品をもってたたずむお堂に心ふるえ、そして慈愛の気をまとって静かに立つ木造のご本尊、地蔵菩薩立像に心おちついた。

仏が黒焦げの菩薩像をかりて
救いの手をのべられておられる……

私からすれば、そのお堂が、歴史・文化という「生き物」の命そのもののように思えた。あの寂光院が焼け落ちたとは……。

その寂光院には、次のような謂われがある。平清盛の次女だった徳子《とくこ》が、後白河法皇の養女となって宮中に入り、高倉天皇の女御となって、安徳天皇を産む。そして建礼門院と号する。源氏に追われた平氏が壇ノ浦で敗れた折り、安徳天皇とともに都落ちしていた建礼門院は、天皇ともども入水《じゅすい》する。しかし源氏の兵に熊手で髪を引っかけられ、自分だけ舟に引き上げられた。都へ連れ戻された院は、しばらく東山の麓に蟄居していたが、やがて文治元年(一一八五)に出家し、寂光院に隠遁する。そして源平合戦で犠牲となった安徳天皇の菩提を弔いながら、静かに余生を過ごす。

文治二年に後白河法皇が、お忍びでここに御幸した。そのときの様子を『平家物語』第十二巻の「大原御幸」のくだりで、こう叙述している。

「寂光院は、古う造りなりせる山水の木立、よし(由)あるさまの御堂なり」

と。そういう、いかにも建礼門院にまつわる人間ドラマと、歴史の趣を感じさせるお堂だった。

与謝野晶子も詠んだ

「ほととぎす　治承寿永の　御国母　三十にして　経よます寺」

に火をつけるという犯罪行為が、どうしても私にはわからない。

その焼けた寂光院を映し出す画面で、一つ、せつなくも感動的な映像があった。

無惨にも焼け落ちた本堂の中で、重要文化財の地蔵菩薩立像が、木造でありながらも黒焦げのまますっくと立っていたのである。その日の夕刊で、あらためてその姿を写真で見て、感極まった。

そういえば、大阪の総持寺が織田信長の兵火に遭った際、ご本尊の千手観音菩薩は腰から下が真っ黒焦げになっても屹立していて、いまなお健在であることをＮＨＫ「平成古寺巡礼」で放映していたのを観たことがある。

ひょっとしたら、これは仏が黒焦げの菩薩像をかりて救いの手をさしのべておられるのではないか、と感じた。

火をつけたのが大人か年端もいかない少年少女か、いずれにせよ犯人には、ぜひ、その黒焦げた木造の地蔵菩薩立像を直視してもらいたいものだと願う。

平気で人々の心のよりどころを踏みにじってしまうのは、つまりは「命」というものを大事にできない人間なのかもしれない。他人の命も、自分の命も……。

とても私は、おこがましくて菩薩の足元にも及ばないし、あの羅漢になった周梨般特どころではない、きわめて生臭い俗人だが、それでも私は、いま「命は一つ、人生も一回、それを大事に生きていきたい」という心境になっている。

私は、思う。人生いろいろ旅してみると、たいへん面白く、非常に楽しいというのが実感である。人間、生きていると、けっこういいことがいっぱいあるじゃないか。

もし私が、そうした事件にかかわっている人に何かいえるとしたら、そのことだ。

鳥居のある神社は、日本の原風景

衆生いっさいのよりどころとなっている仏教寺院にくらべて、やはり神社というのは、神を祀るだけあって神々しく、凛とした荘厳な空気が境内に張りつめている。身を清めて出直すには、相応しい場所だと思う。

私は、その空間が好きだ。好き嫌いで物事を決めようとするのが、いかにも私らしいところだと、これはしかたがない性分だ。それだけ身を清めるべき多くを抱えているからなのかもしれない。

さて神社であるが、その境内は聖域であり、いわば結界《けっかい》をなしている。俗世からその空間へと入って行くときに、結界を分ける出入口である鳥居をくぐる。神社を訪ね歩くようになって、まずもって、その神社の入口にあたる鳥居に興味をもってしまった。まったく見る物すべてに関心が行ってしまう。

よく観察してみると、神社の筋によって微妙にその形状が異なっているのに気づいた。共通しているのは、原則として二本の柱からなり、その二本の柱の頭部にまたがって笠木《かさぎ》が置かれ、やや下に貫《ぬき》が水平に通してある。笠木が上下二段になっているものもあり、下段の材を島木《しまぎ》という。貫の中央に立てて笠木とつなぐ額束《がくづか》があるものも、ないものもある。

神社によっては鳥居の形が変わる

明神鳥居

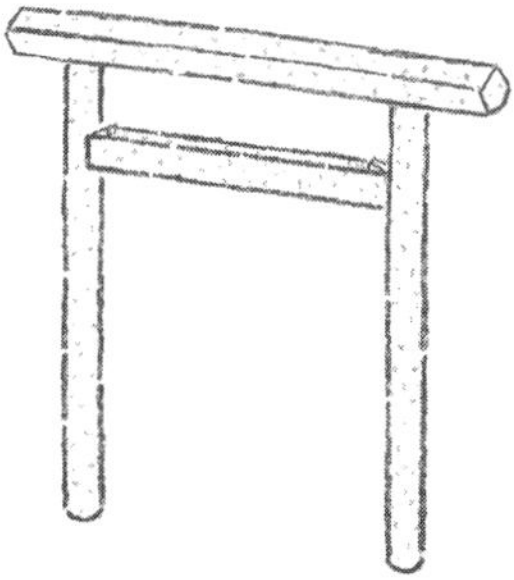
神明鳥居

山王鳥居

春日鳥居

両部鳥居

八幡鳥居

一番シンプルなのは「神明鳥居」（伊勢鳥居ともいう）だと思う。柱が地面から直立し、そして笠木《かさぎ》は五角である。補強の役割を果たしている貫《ぬき》は、柱の内側で止まっている。額束《がくづか》は、ない。天照大神を祀る伊勢神宮系の鳥居に多い。

島木《しまぎ》のついた笠木が水平で先端が垂直に切られ、額束があり、貫が柱の外に出ているのが、春日神社系の「春日鳥居」である。これと似ているが、笠木・島木の先端が斜めに切られているのが、八幡神社系の「八幡鳥居」だ。

最も多いのが、島木のついた笠木が反っていて、その先端は斜めに切られており、柱脚が上部に向かって内に傾いている「明神鳥居」であろう。貫は柱の外に出ていて、先端は垂直に切られている。額束もある。

明神鳥居の笠木の上に破風形の合掌造りを乗せたのが「山王鳥居」で、私もその崇敬会の会員をしている日枝神社は山王系統なので、この鳥居だ。

その他いろいろあるが、安定感がある鳥居といえば「両部鳥居《りょうべ》」だろう。柱脚の前後に短い控え柱を立て、主柱と貫でつないで、鳥居全体を安定させ立たせている。安芸の厳島神社や富士吉田の北口本宮富士浅間神社の鳥居がそうなので、見た人も多いだろう。

さて鳥居をくぐって結界の中に入る。ここが神域である。

その空間の一番高みに御祭神が祀られ、そして御祭神に奉安する神宝、神体、霊代《みたましろ》を納める殿舎が設けられている。祀る神によっては御神山、御神木、御神岩、御神滝その他いろいろ配され、いうなればヒエラルキーある社殿の構成になっている。だから、そこに身を置くと、恭しく畏まってしまう。

それを平たくいえば、体の内外にこびりついている俗世の垢のようなものが洗い落とされる気がして、清々しくなり、じつに気分がよくなるのだ。

もちろん鎮守、つまりその地を鎮め守る目的で設けられたのが神社で、必ず境内に木々が豊かにあって、その鎮守の森が醸しだす精気に包まれるからだろう。昨今はやりの科学的知識でいえば、いわゆる森林浴で、森の木々が放出するフィトンチッドという成分が人間の心身を清浄にする働きのおかげ、というういい方をしてもかまわない。いずれにせよ身が清められるのだから。

その森の木々が鎮守の役割をはたすということで、たとえば神を数えるのに「柱」という表現を用いるようになったのかもしれない、などと想像してみる。英霊を数えるにも「何柱」なとという。

そういえば、鳥居が柱で象徴された建造物なのも、そのことと無縁なのではないと思う。あるいは転じて、ふだん私たちが、頼りになる存在のことを「大黒柱」や「三本柱」などと表現するのも、そこがルーツなのかもしれない。

ところで鳥居は日本の原風景ではないか、と私は思っている。韓国や中国に行ってみて、人々の顔こそ似ていて懐かしい気もするのだが、やはり「何か、どこかが日本と違うんだなぁ」と感じるのは、たとえば朱色の鳥居が見当たらないからである。

神道は、なんといっても日本独自の宗教なのだ。

その神道の世界に伝来した仏教が、やがて習合していくというのも日本らしいのだが、その際に一部の寺院で鳥居の門が設けられている。私の見たかぎりでは、大阪の四天王寺がそうだった。吉野の金峯山寺にも大鳥居があった。東京では高尾山の薬王寺「浄心門」も鳥居である。もちろん前節で紹介した小浜の神宮寺も、その門は鳥居だった。

この神仏習合ということ、実際には日本古来の神道が、渡来してきた仏教という新しい宗教を受け容れ、そして相異なる教理を折衷しながら、調合したということなのだろうと思うが、これは独特だ。

世界を見渡すと、昔から、たとえば中世の十字軍をはじめ、異教徒の宗教戦争や、異宗派の争いなどを数え上げればきりはなく、また今日にいたってなお宗教がらみの対立は根深く、政治もからんで各地で戦争が起きている。

それに比べて日本では、神道は仏教と習合して共存の道を用意した。これは日本の風土と民族性で、どう説明できるのだろうか。そのテーマを、私は時間をかけてでも追い求めてみたいと考えるようになった。日本人の精神性と深い関わりがあるはずだ、と思っている。

「和気清麻呂」に出会ったこと

神社には、不思議な霊力があると、いまでは強く信じられる。

先日、久しぶりで京都に行く機会があった。そして用事をすませ、さて、まだ行ったことがない洛北の鞍馬へでも足をのばしてみるかと、レンタカーを借りて烏丸通りを北に向かって走っていた。

ちょうど御所・蛤御門の所で赤信号に引っかかり、停車する。右側が蛤御門で、何気なく左に目をやった。すると、威厳のある佇《たたず》まいの神社があって、護王神社という額が鳥居に掛かっている。

すーっと吸い込まれていった視線の先に、猪《いのしし》が飛び込んできた。いや生きた猪ではない。通常は狛犬《こまいぬ》が構えている石台に、いってみれば狛猪《こまいのしし》がいたのである。やけにそれが気になって、車を脇に止め、中に入った。

まだ早朝である。清浄な冷気というか、霊気が、気持ちいい。

護王とは誰が御祭神なのかと、縁起を読もうとしたら、そこに宮司らしき人が出てきた。読むより直接いろいろ聞くにかぎると声をかけてみた。すると気さくな人で、自分はここの宮司ではなく、留守番にきただけの、本当は松尾大社の者です、という。

そこで、とにかく狛猪が気になったこと、そして護王が誰か知りたい、と私は尋ねる。自分は亥《い》年なので……と言うと、いやあ私も亥年ですよ、奇遇ですねえ、と話が弾んだ。

護王とは、和気清麻呂《わけのきよまろ》のことだ、と。そうだったのか、和気清麻呂か、と、聞く私はいささか興奮気味となった。それだったら八世紀の怪僧・弓削道鏡の話に出てくるので、よく知っている。

道鏡の得体はどうもはっきりしないが、あるとき孝謙上皇の病を治すことがあって、以来その寵愛を受ける。上皇は女帝であり、四十歳になるかならないかの女盛りで、寵愛とは、もちろん男女の仲のことだった。そのことを淳仁《じゅんにん》天皇および藤原仲麻呂が諫めると、自分が立てた淳仁天皇を追い、上皇は自ら称徳《しょうとく》天皇として返り咲いて、藤原仲麻呂も鎮圧する。その陰に道鏡の暗躍があったことは想像に難くない。

道鏡は、なお称徳天皇に重んじられ、太政大臣禅師になり、法王の名もいただく。腹心の僧や一族で政権を固め、勢威とどまるところを知らなかった。

そして、自分が皇位に就いたら天下が泰平になると、宇佐八幡大神《うさはちまんのおおかみ》から神託が下った、とまでいいだす。さすがに御神託とあって、称徳天皇は、それを確かめるために和気清麻呂を勅使として九州の宇佐八幡宮に遣わし、神にお伺いを立てることにする。

この和気清麻呂が宇佐に辿り着くまでにいろいろ災難に遭うが、そのとき、どこからともなく猪が三百頭ほど現れて、公をお護りし、宇佐まで送りとどけた……。だから狛は猪で、それが護った王を祀るということで、護王神社、と。なるほど、そういうことだったのかと独り合点する。

ところで宇佐八幡宮に着いた和気清麻呂は、道鏡の神託なるものが嘘であることを見抜き、ようするに「天の日継は必ず帝の氏を継がしめむ」との御託宣を持ち帰る。

このことを天皇に奏上したのだが、それが道鏡の怒りを買ってしまい、大隅（鹿児島）に流されてしまう。そのとき和気清麻呂改め「別部穢麻呂《わけべのきたなまろ》」と名乗らされたが、そのアイディアは怪僧・道鏡のセンスであろう。

この後日譚があって、称徳天皇が亡くなって、光仁天皇が即位すると、さしもの道鏡も下野《しもつけ》に左遷され、その地で死んでいる。

その後の桓武天皇の世になって、大隅から呼び戻された和気清麻呂は、大いに重用され、大和川の開削《かいさく》や、平安遷都など、大活躍

死を賭して奏上する清麻呂の眼光の凄さ……
和気清麻呂奏神教図　（三の丸尚蔵館所蔵）

する。法律にも通じて『民部省例』を撰している。

さらに、もっと時代が下った後日譚もある。それが、すごい話だと私は感激する。時は明治の世。明治天皇が、「皇室の系譜に、皇室以外からの闖入者を許さず、皇統を守護したのは、和気清麻呂である」と、高雄山神護寺の境内にささやかに護法善神として祀られていた和気清麻呂に、あらめて陽の目を当てられた。そして、まさに御所に隣接して護王神社を建立、ここを別格官幣社として列せられ、和気清麻呂を祀られたのである。

そうか、猪が和気清麻呂を護ったから護王神社なのではなく、和気清麻呂が、つまり皇室の万世一系を護ったから「護王神社」なのかと正しく合点した。そのことを象徴する神社として、きわめて重要な位置づけがなされている。その神社を、偶然のように私は見つけたのである。

いやいや、偶然とは思わない。少しばかり古典に親しみ、いうなれば皇統というものを日本の歴史において重要と信ずるようになっていた私が、いろいろ旅する末に、ここに辿り着いたのだと、私は思っている。

しかも、そこは狛猪が護る神社だった。亥年の私にとって、とても無縁とは思えない。

そういう歴史上の、あるいは日本という国の精神風土を感じさせる出会いをして、さて京都から東京に帰った私は、上野にある西洋美術館で、まさに和気清麻呂が宇佐から京に戻り八幡神の御託宣を称徳天皇に奏上する場面を描いた絵巻を見る機会があった。これも偶然とはいえないと思う。何かに導かれて、その絵の前に立ったのだと信じられる。

私が釘付けになったのは、その絵に描かれる和気清麻呂の、カッと鋭く見開いた目の、その眼光の凄さである。おそらく死を賭していたのであろうということが、すぐわかる絵だ。その場には描かれていないが、隣室にでも道鏡がいたはずだ。その天皇の背後にいる道鏡まで射すくめる、そういう眼だった。こうして万世一系の皇統が護られたのかと思うと、観る当方も射すくめられるような気がした。

ひょっとしたら明治天皇も、この絵巻で和気清麻呂の眼光に、何かを感じたのだろうかとも想像してみる。

日本人の精神性を考えてみた

誰に聞いても、やはり神社を訪れると、どうしても心身がキューッと引き締まり、恭しく畏まってしまうというような感想を口にする。私も、なにか不思議な霊力のようなものが神社にある、と信じるようになってしまっている。

そして私は、神道が仏教を習合していった歴史上の事実から、それが日本人の精神性と深い関わりがあるのではないかと考えるようになった。

こういうことを思うようになったのは、還暦を過ぎて神社仏閣巡りをするようになってからのことである。

私の子どもの頃は、といっても絞り込むと小学校の三年生までということになるが、それは戦争真っ最中の時代である。では、その戦争が皇国史観に支えられていたなどとは、まだ十歳以前の私にとってどれほど実感できていたか、はなはだ疑問である。東京大空襲の際に、落ちてきた焼夷弾を手づかみして「撃ちてしやまむ！　鬼畜米英！」と怒りに燃えていた、まさしく軍国少年だった四歳上の兄と、そこが違うと思う。昭和十年生まれの私は、ぎりぎりのところで昭和一ケタ世代ではない。

そして戦後、ひもじい想いをしながら食料を求めて野に出た。私には一面焼け野原になった都会の焦土で「ギブ・ミー・チョコレート」と進駐軍の米兵にすがりついた体験はないが、その気持はわかるような気がする。

もちろん、いわゆる民主教育を受けて、たとえば時の政治状況や軍国主義が皇国史観によって戦争を正当化し、そのことで多くの人たちが死地に追いやられたことを知ったし、また私たち世代も悲惨な子ども時代を余儀なくされた。

しかし思春期から以降は、吹きまくった新しい文化の息吹を満喫し、青春を謳歌した。それが進駐軍の占領政策の一環だったのかもしれないが、たとえばジャズやアメリカン・ポップスのリズムやメロディに浮かれ、舶来映画の世界にのめり込んだ。耳新しい英語に憧れ、すっかり虜になって、それが母国語のように話せるようになり得意顔だった。

さて、そうして還暦過ぎである。後述するが、たまたま英語が得意だった私は、けっこう多くの国々の人と付き合う機会を持つようになった。そうしたとき外国の人たちは、自国の歴史や文化を会話に持ち出すことが多い。

対して私はといえば、当初そういった話題を持ち出せなくて困ったというか、恥ずかしい思いをした。持ち出せないのは、いうまでもなく知らなかったからである。

自国の歴史や文化を語ることは、自分がいったい何者であるかの裏付けを持っていることにほかならない。いってみれば彼らはアイデンティティ(identity)を持っているということだ。そして、必ずしも「王室の権威」そのものではないが、いわばロイヤルティ(royalty)のようなものをバックボーンとして持ち、そういうロイヤルティを精神基盤として有していることを、無意識のうちにも誇りにしているようなところが見受けられる。

ひるがえって還暦過ぎに私は、いろいろと古典の世界に踏み分け入り、そして神社や仏閣を巡ってみることで、遅ればせながら……ようやく自分の国の、まがりなりにも歴史や文化というものの片鱗に触れることができたと思う。

アイデンティティといえるほどのものかどうかわからないが、いまは自分が日本人だなぁと実感することができる。また長い長い歴史の流れの中で育まれ、それぞれの時代に生きた日本人の間に次々と受け継がれてきたであろう文化性、精神性といったものも、また自分の血の中に流れているのだろうとも実感できる。

しかも、その歴史が「神代《かみよ》の昔から」続いていることに畏敬の念を禁じえない。ここで「神代」と表現したのは、とくに神々がおわせられた代という使い方をしたのではない。少なくとも神話として後々語られている時代からでいいが、とにかく大昔から、日本人の歴史が日本という国土に悠久の時を刻んできたことに、ひれ伏すような思いだ。

その象徴として、たとえば「万世一系の皇統」という日本ならではの表現でロイヤルティが語られてきたのではないか。明治天皇が処した和気清麻呂に対するエピソードは、まさにそのことを示すのだと思う。

そして神社に身を置いたとき、とても厳粛な気持になるのは、日本という国の悠久の歴史と文化ないしは精神性を、めいっぱい濃縮して感じて、それで圧倒されるからではないかと思う。

これを霊力というのかどうか、わからない。また「神道」というのがどういうものなのか、昔から賢人・先達がそれぞれに解釈をして、それは規範としての道徳・倫理なのか、はたまた信仰・宗教なのかと、いろいろ議論されているようで、私ごとき者が口をはさむ余地はない。

ただ私の勝手な解釈を許していただければ、少なくとも悠久の歴史と文化の底流にあるもの、それを私は精神性というわけだが、そのことを畏怖する気持と、ひるがえって襟を正して自分の身を律する、それこそ先に述べた依代《よりしろ》のようなものが、神道の根幹に流れているという確信である。そのことを、私は護王神社で感じたのである。

古典を全文通して読む

神道にひかれ、神社に魅せられるようになった私が、東京は赤坂にある日枝神社の崇敬会の会員になったのは自然なことだったかもしれない。実際には、花に関心をもち、そして月に興味を抱き、そのうち仲秋の名月を愛でる管弦祭という行事が開催されていると知って、これに参加するようになったのが、日枝神社とのご縁である。

その日枝神社で、神社主催の「古典に親しむ会」というのが毎月二回、火曜日の夕刻から開かれている。神社の勉強熱心な神官が自ら講師となって、ただに古典を解読するというだけではなく、日本の伝統文化や歳時記なども時節に合わせて解説してくれる。

折りにふれ花見や、夏越《なごし》の祓い、大祓いに参加させてくれ、もちろん仲秋の名月の管弦祭もある。ときには近郊にハイキングを楽しみ、自然と触れ合う機会を設けてくれる。

それにしても源氏物語に発して、よくぞ古典全般に、わが求めるところが広がったものだ。

かつては、せいぜい出だしの文章のみを記憶して、古典の受験勉強をした気になっていたものである。

「つれづれなるままに　日くらし硯にむかひて　こころにうつりゆくよしなし事を　そこはかとなく書きつくれば　あやしうこそものぐるほしけれ」（徒然草）

「ゆく川の流れは絶えずして　しかももとの水にあらず。よどみに浮かぶうたかたは　かつ消え　かつ結びて　久しくとどまりたる例《ためし》なし」（方丈記）

「男もすなる日記というものを　女もしてみむとてするなり」（土佐日記）

「祇園精舎の鐘の声　諸行無常の響きあり。沙羅双樹の花の色　盛者必衰の理をあらはす」（平家物語）

それくらいしか記憶にとどめず、それでよしと済ませてきた。そういう体たらくだったから、なんとなく学生時代に自分の人生の将来はと思ってみた志望も、初志貫徹できなかったのかもしれない。

いまでこそ恥ずかしくもなくいうが、私は高校時代に外交官になることに憧れた。これは多少自慢できるのだが、こと英語に関してはそこそこ才能があったと思う。それで外交官になろうと大学受験に向かったが、いかんせん理数系科目も含めてバランスよく試験科目になっているような国立大学は目指すべくもなかった。

そこで原則として文系科目だけの私学をと、中央大学法学部を受験し、幸いに入学できた。そして、そろそろ卒業を前に外交官試験にチャレンジしたのだが、失敗。卒業後も何度か挑戦したが、とうとう合格しなかった。司法試験にもチャレンジしているが、根が怠け者なのか、これもダメだった。

そうして年も食い、やがて結婚した。結婚すれば、やはり家族を養うことを優先させざるをえず、税務署に就職することにした。お役人になったのではあるが、生来ヤマっ気があったものか、そこが肌に合わずに、そうして不動産業の世界に飛び込んだのである。

挫折をし道草をくったとは、いまは思わない。いろいろ渡り歩いてきて、おかげで源氏物語から古典の世界に入ることができたと信じている。たしか女子マラソンの有森裕子さんがオリンピックでメダルを取ったとき「自分を褒めてやりたい」というコメントを残していたが、いまでは回り道したからこそ現在の至福の境地を得られたのだと、自分を褒めてやりたいくらいだ。

そうして、いま私は古典の出だしの文言だけで事足れりとするような男ではなくなった。現代語訳を助けに、最後まで怠けずに全文を読むことにしている。

ここが大事だと思うのだけれど、必ずしも古書の原典でなくてもよいが、少なくとも、原文は絶対に読まなければならない。先達が活字に置き直してくれたものでいいから、とにかく原文をメインに、現代語訳をサブとして読むのである。

漢詩と中国語

漢詩にだって、いまは挑戦している。源氏物語で紫式部が、また枕草子で清少納言が、白楽天を引用していた。そうした出会いを得たことから、漢詩に挑戦することは、もうすでに敷かれたレールだった。

高校時代、一通り漢文は習ったはずだ。そして詩聖の杜甫、詩仙の李白、田園詩人の陶淵明、そして白楽天くらいの名前は記憶していた。

考えてみれば、外交官になろうと心に決めたくらい英語は得意だったわけだし、野呂先生の指導よろしきを得て古文も面白く、また漢文についても難しく苦手だったという記憶がない。すなわち語学系は得意科目だったのだと思う。

余談になるが、私の父は理化学研究所に勤めていた研究者で、その血を少しは引いたか、私は小学校では算数や理科が嫌いではなかったし、中学校になっても理数系の学科の成績は極端に悪くなかったと思っている。しかし中学校から高校と上級になるにつれ、理数系が苦手科目になった。思い当たる節がないではない。その間そうした教科の担任が、どうも肌のあわない教師ばかりだったような気がする。

昔も今も同じだと思うが、ある教師が好きになれば、その授業が面白くなり、その学科が好きになる。教育とはそういうものだと思うし、そこのところを教師に知っておいてもらいたい。

それはともかく、尊敬できる師の謦咳《けいがい》に接することができる生徒は幸いなるかな。というわけで、私は一年生から三年間ずっとクラス担任だった野呂先生の、語学系の授業が好きだった。

ただし、いくら先生が好きでも、自分の努力不足を棚に上げてはならない。古文については古典の出だししか覚えず、漢文についても詩人の名前くらいしか覚えていないとあっては、よほど怠け者だったか、授業に集中して勉強するようなことがなかったのではなかろうか。

しかし私は、いま漢詩の世界にのめり込んでいる。集中している。

NHKラジオで毎週金曜日の午後九時三十分から十時まで、二松学舎大学の石川忠久教授の「漢詩をよむ」という講義がある。金曜日の番組を都合で失念したときは、日曜日の朝に再放送しているので、欠かさず聴くことができる。

教授は、詩歌の講釈後に、それを中国語でも読んでくれる。じつは、いま私は中国語の習得にもチャレンジしている。もちろん漢詩ほか中国の古典にも精通したいという欲があるからで、そういう自分にとっては、漢詩を中国語で読んでもらえるのは有り難い。

同じくNHKで、毎週月曜日から金曜日までの教育テレビが素敵な番組を流してくれている。早朝五時からと早く、また十分間と短いが、漢詩とともに、その内容と関係のある彼の地の風景が放映される。

「春眠不覚暁　処処聞啼鳥　夜来風雨声　花落知多少」という孟浩然《もうこうねん》の「春暁」、李白の「静夜思」、王維《おうい》の「送元二使安西《げんじあんせい》」、杜牧《とぼく》の「江南春」、杜甫の「春望」、張継《ちょうけい》の「楓橋夜泊」などが江守徹の朗読で聴け、そして廬山や会稽山《かいけいざん》、巫山《ふざん》、敬亭山《けいていざん》、長江、三峡その他の、詩歌に詠まれる中国の素晴らしい景観が映像で楽しめ、幸せなモーニングコールである。

これもバイリンガルになっていて、中国語でも原文を聴くことができる。この漢詩や中国語については、挑戦したてのホヤホヤで、これからが一層の楽しみである。

「おくのほそ道」を辿りたい

とにかく細胞分裂して増殖するがままに身をまかせていると、まさに「人生、旅することと見つけたり」という心境になる。

「月日は百代の過客にして、行きかふ年もまた旅人なり」という、その李白を引用した松尾芭蕉の『おくのほそ道』の書き出しは、いっそう漂泊することへの誘《いざな》いを強めてくれる。そんな能因法師や西行法師の歌枕を求めて奥州へと旅した芭蕉が羨ましく、石坂浩二が朗読する『おくのほそ道』のビデオ二巻を買ってきて、何度それを観たことか。

そして、とうとう私は一歩踏み出してしまった。といっても、芭蕉のように、すべてをなげうって徒歩で踏破するというわけにはいかないのが、なお現役で仕事をして現代に生きる私の未練がましさか。

情けない話だが、最初は、どこかその近辺に出張した際に、まあ歌枕の地へ寄るとか、そういうついで旅行である。つまり、芭蕉の跡を忠実に辿るというようなものではなく、なぞるというか、つまみ食いしているだけだ。

しかし、たとえば日光へは、わざわざ時間をとって車を飛ばした。日光を見ずして結構というなかれ、その日光へは仕事でも私的にもたびたび行ったことがあるが、お定まりの東照宮や輪王寺までだった。今度は、それまで滅多に行ったことのない奥日光の中禅寺湖へと足を向けることにした。

中禅寺湖を遊覧し、立木観音で有名な中禅寺に参詣するところまでは、ふつうのコースか。しかし私の目的は、裏見の滝である。これは芭蕉の歌枕を追う旅なのであって、そうするには裏見の滝に行かなければ話にならない。

中禅寺湖からの帰路、日光街道を左折して二十町歩余り行く。芭蕉も、そうしたはずだ。裏見の滝の現地までは車で行けない。手前の駐車場から、つづら折れの小径を、たぶん芭蕉と同じように歩いて登った。すると、水飛沫の轟音とともに滝が現れた。気が急いて、飛沫を浴びながら滝の裏側まで回った。

「廿余丁山を登って瀧あり。岩洞の頂より飛流して百尺、千岩の碧潭に落ちたり。岩窟に身をひそめ入りて滝の裏よりみれば、うらみの瀧と申伝え侍る也。――暫時《しばらく》は　滝にこもるや夏《げ》の初め」

万感、もう胸に迫って、いいようもなかった。ＮＨＫ特集で、デヴァカンスという奏者が何種類かの楽器を携えて、深川から奥の細道を追って紀行し、この滝の下に坐して長尺物の尺八を演奏していた場面を思い出した。

奥州へと入る白河の関を徒歩で越えてみたいと思うが、まだ実現していない。松島では、てっきり何か名句が残されていると思っていたのに、芭蕉は松島で句をしたためなかったとわかって意外な思いがした。

俗に芭蕉の句だという

「松島や　ああ松島や　松島や」

が伝えられていて、てっきり私も信じていたのだが、それが違うのだという。芭蕉は松島で句を詠んでいない。では芭蕉に同行した弟子の曽良の句かというと、それも違う。句を詠まない師匠に代わって曽良は

「松島や　鶴に身をかれ　ほととぎす」

と、この松島は鶴が似つかわしい、そこで鳴いているほととぎすよ、鶴になって飛んでみたら、と詠んでいる。

では「松島や　ああ松島や　松島や」は何かといえば、後年、田原坊という狂歌師が詠んだのだと知った。なるほど、いろいろな発見があるものだ。

とにかく芭蕉は、松島の絶景を、中国の名勝地といわれる洞庭湖や西湖もかくやと想い、ひるがえってここを「扶桑第一の好風」と絶賛し、興奮のあまり発句をあきらめたのだという。

さらに芭蕉は松島を美人が化粧したような趣があると評したが、その美人とは、中国は越の国の美女「西施《せいし》」のこと。時は春秋時代、越は会稽山《かいけいざん》の戦いで呉に敗れる。そこで越王の勾践《こうせん》は、絶世の美女と名高い西施を、呉王の夫差《ふさ》に差し出す。夫差はすっかり西施に溺れるが、その間に越は臥薪嘗胆《がしんしょうたん》して国力を取り戻し、とうとう雪辱する、という話で知られる。

西施の表情をかりて、芭蕉が、この太平洋に面した松島と、東北でも反対側の日本海に面した秋田県の象潟《きさかた》を比較していると知り、帰京するや、なんとか秋田へ行く用事がないものかと待ちわびた。求めれば通じるものである、間もなく秋田へ出張する用事が発生した。そこで、わざわざ羽越本線で迂回し、象潟に寄る。

ここ象潟で芭蕉が詠んだ句が
「象潟や　雨に西施が　ねぶの花」

である。

芭蕉は、その象潟に舟を浮かべて、その上で「松島は笑ふがごとく、象潟はうらむがごとし」

と評したという。かの西施は病みがちで、よく胸をおさえ眉をひそめたりしていたそうで、その風情がまたなんともいえず、当時の多くの女たちが真似たとか。その西施の様子が「うらむ」で、それは「恨む」ではなく「憂える」の意味だといわれている。

そういう西施が憂える風情を期待して行った象潟は、しかし、どこにもその姿をとどめていなかった。ただ日本海の荒波が寄せては返す海浜と田園風景が広がっているのみである。聞くと、芭蕉の没した百余年後に起きた出羽地震で一帯が隆起し、陸化してしまったのだという。いまは一面の田圃の中に、わずかに小高い丘が点々とあるだけだ。

往時を偲ぶことができなかったのは残念だったが、しかし、これもまた「蒼海変じて稲田となる」趣で、歳月の流れを想わせて、まあ「夢は枯野を駆けめぐる」だと独り納得した。

おくのほそ道を辿って、北陸方面へは、一度しっかり時間をとって旅行してきた。

福井県の敦賀へは、芭蕉の敵《かたき》をとってやろうと勇んで行った。ここは月の名所で、芭蕉は仲秋の名月に合わせて敦賀入りしたようだ。しかし残念ながら雨で名月を観賞できず、がっかりして

「名月や　北国日和《ほっこくびより》　定めなき」

と詠んで、種《いろ》の浜へ舟で向かっている。

私は、芭蕉と同じく名刹・気比神社に詣でてから、近くに宿をとり、その晩には皓々と輝く

月を眺め、その想いを芭蕉に捧げた。

おくのほそ道という、いってみれば歌枕を、芭蕉が歩んだように忠実に辿ったわけではなく、褒められた話ではないかもしれない。

しかしながら、受精卵が細胞分裂を始めて四方八方に増殖する、そのすべての私の興味・関心は、どこまでもｉｎｇの進行形であり、尽きることを知らない。まだまだ、これからだと思っている。

ただ、少なくともこういう気分に身をまかせているというのは、じつに心地よい。

一方で、このまま細胞分裂するがままにまかせていると、自分は、どこまで増殖していくのだろうかという、楽しみの中にも先行きわからない不安のようなものもないではない。いったい私は、どこへ行くのだろう。

【第四章】

世界が拓けていく

そういえば東京オリンピックの通訳だった

いま私は、仕事一途に働いてきたサラリーマン時代とは、まったく別な人生を歩んでいる。こんなにいろんな世界が自分の周りに広がってくるとは、ほんとうに思ってもみなかった。

いや、そういえば一度だけ、仕事以外のことに熱中したことがあった。といっても、レールを走る列車を乗り継ぐ束の間を利用しての、途中下車のようなものだったかもしれない。

それは、もう私も二十代の終わり、心ならずも国税局に勤めていた頃のことである。私の担当した仕事は、滞納された税金や延滞金の徴収をすることだった。昨今なにかと物議をかもしている商工ローンや日掛け金融の取り立てのように悪辣なことをしていたわけではなく、法にのっとってする正規の徴収業務である。ただ、漫然とお役所仕事をしていてはラチがあかなかった。

お役所の仕事だから、未納に対しては、法的には不動産などを嘱託登記すれば事足りる。しかし、それで差し押さえができたからといって、未納金が入ってくるわけではない。

そこで自分なりに一計を案じ、荒物屋から荒縄を買ってきて、税金を滞納する相手の家や事務所に出向き、その建物を縄でぐるぐる巻きに縛ってきた。

そうして帰ってきた私を、先輩は「何やってんだ。お前はバカか」と罵る。そういわれても、まあ見ておれと待っていると、当の建物の持ち主が、お金を持って慌てて飛んできて、未納金を支払っていった。

つまり、私は一芝居を打ったのである。法的に嘱託登記されても、ふつう痛くも痒くもない。ならば縄で縛れば、差し押さえられたという実感がするだろうと考えたのである。

そんな私だったから、お役所では、どうも胡散臭く煙たがられていたような気がしていた。

そんな空気を察した私は、少し仕事から離れて別なことに打ち込んでみようと考えた。

昭和三十九年の秋に、アジアで初めての東京オリンピックが開催されることになっていた。そのための通訳の募集を、オリンピック組織委員会が行っていた。それに、大胆にも応募したのである。

じつは中学、高校と、文法や読み書き中心の英語だったので、大学に入ってからは日常会話をとＥＳＳに属している。ＥＳＳに入ったおかげで、アメリカ人とも親しくなって、会話もなんとかこなせるようになった。

とくに親しくなったのは、陸軍軍属として日本に駐留していた米オハイオ州出身のオービル・タンセン氏の一家である。親しく付き合うようになって、彼の休暇の日には、よくドライブに出掛けたものだ。

あれは箱根へドライブに出掛けたときのことである。私は当時、生活を切り詰めるだけ切り詰めて、国民的な人気を博した二気筒空冷式エンジン車のパブリカを買い、乗り回していた。その車で、タンセン氏一家の車と箱根へ出掛け、強羅の急坂でオーバーヒートしてしまった。ボンネットを開け、しばらく冷やしていたら、タンセン氏が覗き込んで「SATOsan, This is a sort of a motor-cycle」と言う。彼の車は八気筒パワーステアリングのオールズモービルで、こちらは軽自動車に毛の生えたようなパブリカである。恥ずかしくなってしまった。

そんなことがあったりして日常会話は、まずまず自信があった。しかし通訳試験には大勢が受験していた。外交官試験、司法試験と、どうも受験合格には縁のない私としては、自信がない。

第一次、第二次と筆記試験が続き、ここでふるい落とされ、残りは第三次のオーラルテストに進む。これでさらに絞り込まれたが、幸い、そこまでは順調に残ることができた。

さらに当時は赤坂にあった国会図書館（現・迎賓館）で、第四次、第五次試験が行われる。グループ討論である。留学経験者や、専門の家庭教師についてきた者、あるいはハーフなど、みな流暢に他国語をしゃべるので、少々臆したが、まあ頑張った。

第五次試験のとき、斜め前にえらい美人がいた。あとで知ったことには、それがのちに長嶋茂雄夫人となった亜希子さんだった。私の隣には、池田勇人首相のお嬢さんが坐っていた。彼女たちは、ロイヤルボックスの通訳として採用されたらしい。

このたいへんな狭き門を、ラッキーにもパスすることができた。そして会場部の通訳として採用される。

勤務先に願い出て上司から有給休暇をとる了解を得て、三週間の雇用契約をした。学生通訳の日当は二千円、私は社会人だったから日当三千円だった。当時、大卒の初任給は二万円前後だったから、たいへんな高給だった。だから応募者が殺到したということがあったのかもしれない。

白いトリムがついた黒いジャケットに、グレーのズボンという通訳の制服に身をつつみ、ロイヤルボックス以外の各エントランスでお客さんを案内するのが仕事の中心だった。開会式と閉会式はメインスタジアム勤務だが、それ以外は水泳会場、柔道会場、サッカー会場、陸上会場など、あちこちの会場を渡り歩いた。柔道で日本の神永選手が決勝でオランダのヘーシンクに敗れたときは、その日本武道館にいた。

飛び歩いて忙しい思いをするのは、むしろ仕事の中身からして充実感があり、苦にならない。ともあれ楽しい三週間が、アッという間に過ぎ去った。働くというのは、こうでなくちゃ、仕事は楽しんでやるにかぎると思ったものである。

そして、たとえば先のタンセン氏との関係のように付き合いが深まることこそなかったが、じつに多くの、国が違い、民族が違い、肌の色も違い、個性も違うそれぞれの人たちと触れることができ、ものすごい充実感があった。

従来から私は社交的だと、他人から見られてきた。自分でも、そういう性格だと思っている。その私のパーソナリティが、オリンピックという世界の人たちが集まる場で、通訳という仕事を通して、自分なりに最大限に発揮できたのではないかと思う。そういう充足感だったのである。

閉会式のあとは、隣接する新宿御苑で盛大なサヨナラ・パーティである。もう選手ともども打ち興じた。その中で坂本九が「上を向いて歩こう」を歌っていたが、それはアメリカで「スキヤキ」ソングとして大流行していて、会場の斉唱を呼んで大いに盛り上がった。のちに九ちゃんが、日航ジャンボ機がダッチロールの末に墜落した事故で世を去ったこともあって、あのとき愛くるしい顔で歌っていたのを印象深く思い出す。

鞄持ち兼通訳で、初の海外旅行

積極的に何かを思い切ってやると、それをきっかけに別な世界が拓けるということがしばしばある。通訳を体験した私は、もう税金を滞納する家を縄で縛るような、気力もアイディアも枯れていた。

別な何かを、と転身を考えた。当時オリンピックを契機として、世の中は高度経済成長へと突き進んでいた。その中で、オリンピックが終わってなお脚光を浴びようという建設・不動産の業界に、目を向けた。

うち建設業界は、その専門技術を持っているわけでもなく、また営業をするだけじゃ面白くない。そこで、新しく何でもする余地が大いにありそうな、不動産業界に転ずる決意をした。大学で法学部にいて、まがりなりにも学んだ法務関係の仕事で役に立つことができるかもしれない、との思惑もあった。そうして藤和不動産に途中入社したのである。

入社して早々に、東京オリンピックで通訳していた経験を買われて、別荘地の視察などを目的とする常務のカナダそしてアメリカへの旅行に、鞄持ちを兼ねて同行することになった。ちょうどカナダのモントリオールで万国博覧会《エキスポ》が開かれる、昭和四十二年のことだ。

当時まだ海外出張というのは珍しい時代で、羽田から発つ日には社員はもとより顧問にいたるまで羽田空港に集まり、みなで「万歳、万歳、万歳」と三唱して壮行するという物々しい様子だった。いま考えると隔世の感がする。

もちろん私も、初の渡航である。その頃では一番大型だとされていたＤＣ８ジェット機に搭乗するときは、さすがに緊張というか、おどおどした。

時は十月、まずハワイを経由し、サンフランシスコで給油後、ニューヨークに向かう。ともかく団体旅行ではない二人旅である。少々年を食った三十歳とはいえ、入社して間もない新人としては、お偉いさんに気を遣った。基本的には旅行社が手配をしてくれていたが、何かと雑用をしたり、諸事いろいろ疲れた。

ニューヨークで二泊し、カナダのモントリオールへ向かう。その際、ケネディ空港の大きさには度肝を抜かれた。搭乗あるいは下乗時には、当時の羽田空港のようにバス利用ではなく、移動式のジャバラが飛行機の胴体に直接くっつけられ、苦もなく空港建物と出入りできるのには驚いた。いまでは当たり前の光景も、さすがにアメリカだと感心しきりだったものである。

モントリオール万博の会場はハドソン河畔にあって、十月とはいえ、その川面から吹く風は冬のそれだった。

国境・人種を超えて付き合う

モントリオールから、日本で知り合ったタンセン氏に電話してみた。いまはネブラスカ州のオマハに住んでいるということで、電話番号も聞いていた。

「サトウさん、いま何時だと思っているんだい。真夜中じゃないか！」

失礼、すっかり時差のことを忘れていた。アメリカ大陸を横断すれば、四時間の時差がある。モントリオールとニューヨークはほとんど同緯度で、ネブラスカは、どこにあったっけ。

ネブラスカからロサンゼルスまで何時間かかるのか。とまれ有給休暇をとってロスに行くから、そこで会おうと約束してくれた。ロスでの自分の宿は心配しないでいい、知り合いの所に泊まるから、とも。

さて半ば冬のモントリオールから、一路南下してフロリダ州のマイアミへ。ファウンテン・ブローという一流ホテルを予約してあるということだったが、着いてみると予約がなされていない。ここは一丁かけあってみるかとフロントに交渉して、別のホテルの紹介を受け、事なきをえた。安心してタクシーを雇い、リゾート地のマイアミ市内や周辺を、視察というより、まあ回遊した。マイアミは、すっかり真夏なみの天候だった。

翌々日、西海岸のロサンゼルスに飛ぶ。アメリカは、ほんとうに広い。ロスでは、日系二世の建築デザイナーが設計したという、やはり一流のセンチュリー・プラザ・ホテルに、こんどはちゃんと予約が入っていた。

ロスでは他に案内役がいる常務と別れて、久しぶりにタンセン氏と会った。しばしディズニーランドへ行ってお互い子どものようにはしゃぎ回り、さて夕刻にホテルへ戻って、和食レストラン大和《やまと》で彼を常務に紹介した。

気のおけないひとときを過ごすことができてか、常務が「彼の宿を、このホテルに取ってやれ」といいだす。ほんとうは遠慮して知人宅に泊まるといっていたのだろう、彼は大喜びした。

翌日はタンセンも一緒に、というより感謝して案内を買って出てくれて、ロスを周遊する。上機嫌の常務は、夕方から旅程にないラスベガスに行こうと言いだした。

ところが、その日はウィークエンドの金曜日で、飛行機もホテルも予約が取れない。足については、藤和不動産が開発している那須の地主でもある某社のロス支店社員が、社用車を手配してくれた。問題はホテルである。するとタンセンが陸軍の厚生施設に電話してくれて、陸軍専用のモーテルを確保してくれた。

ロスからラスベガスは、アメリカでは「近い」という感覚なのだろうが、日本でいえば東京―大阪間くらいはある。砂漠の中のハイウェイをすっ飛ばして、真夜中に到着した。

それにしてもアメリカは、本当に広い。その広いアメリカ大陸を西から東、北から南、また東から西へと飛び、あるいは車を飛ばしてと、もう縦横に旅したわけだが、その旅を潤いあるものにしてくれたのは、タンセンとの人間的ふれあいがあったからではないかと思った。

あの頃のことを思い出すにつけ、いま私は心から思う。国境を超え、人種の違いはあっても、人は人、同じ人間どうし大いに付き合っていきたいものだな、と。

源氏物語など古典に親しむというのも、それを通して、ある時代に生きた人間と出逢い、その生きた空気に触れるということにほかならないだろう。寺社の境内に身をおいてその空気を吸うのも、そこにこもっている人々の想いや精神性に触れるということだ。

ようするに、みな人、人、人。ここで「人みな同じ」などとはいうまい。国境や人種どころか、人は、生い立ちも顔も、また性格や考えも、みな違う。

そこで違うからといって接触するのを避ければ、人と人の間に関係が生まれないし、ほかの人が生きる世界を見聞きすることもない。そうなると、孤独な人として生物学的に生命を維持しているとはいえても、はたして真に「人間」として生きているといえるのだろうか。

他国の言語を学ぶ楽しさ

人は、みな違うから面白い。それぞれ違うから、付き合うことでいつも新しい発見があり、もっと異なる世界を覗けるかもしれないという期待で常に胸ふくらむ。私は、そのように生きたい。

違う人どうしが付き合うには、そこにコミュニケーションのための手段が必要である。さしずめ私にとっては、言葉を媒介に多種多様な人と付き合っていきたい。

ＮＨＫの教育番組には、このところテレビやラジオで古典や漢詩その他もろもろ、還暦過ぎの私もすっかりお世話になっているわけだが、昔からＮＨＫは教育番組づくりに熱心で、中学生の頃にもお世話になっていた。平川唯夫さんの「カムカム英語」を覚えている読者も多いかもしれない。

あの常務とのアメリカ珍道中？以来、さほど海外出張があったわけではない。また日本にいても、仕事で外人と付き合うことはほとんどなかった。だから私の語学も、すっかり錆びついているのではなかろうか。あらためて昔とったきねづかとばかりに、ＮＨＫラジオの英語で錆おとしをしてみようかと思い立った。

調べてみると、ラジオでは「基礎英語」「英会話入門」「英会話」「ビジネス英語」と、それぞれ中・高校生向け、社会人向けなどの番組がラインナップされている。とにかく虚心に立ち向かおうと、かつて高校の頃に三日坊主で終わっていた「基礎英語」に挑戦。それと「英会話入門」を合わせて一年間、みっちり聴いた。

いずれも実用英語の観点から編集されており、その成果は我ながら素晴らしいものだったと思う。得意といいながら、いざ外人と話す段になると英文法のことが頭をよぎる。ところが一年それを聴いたおかげで、不思議なことに、まず言葉ありき、ほとばしるように口をついて出るのだ。ちょうど赤ん坊が何度も何度も繰り返し母親から話しかけられ、ある日を境に急に話しだすように。

要領は、私なりにいえば、まず相手の話を落ち着いて聞くようにし、その時点では、次に自分が発する言葉や文法のことは考えない。そして、こちらの番になったら、いいたい言葉をとにかく発してみる。たまたま目的語を口にしてしまったら、受身の文章構築でつなげていけばよい。そうして慣れれば、どんどん滑らかに話していける。

サラリーマンでも、その番組の時間設定はじつにきめ細かくなされているから、出勤時間前を有効に使ってマスターできるし、再放送も用意されている。やさしいものから高度な講座へと、色とりどりに用意されている放送番組は、恰好の語学学習の場だ。

基礎的な番組から高度な番組へと、英語を二年間やって、こんどはドイツ語だ。大学時代には第二外国語として選択して、まがりなりにも基礎的なことは勉強したつもりだ。しかし、これを自家薬籠中のものにしようと、やはりラジオで挑戦した。

すっかり忘れていた分離動詞や定冠詞、不定冠詞やら、あの頃はなんて面倒くさいんだろうと考えていたことが、懐かしさをともなって記憶の底から蘇ってくる。テレビのドイツ語会話も並行して観るようにして、すっかり自信がついた。

アジアの言語にも挑戦してみようと、韓国語や中国語にも乗り出した。これらはテレビの番組によって、視覚的に文字をとらえていったほうがいいだろう。

あの、○、□、┤、ㅡなどがやたらと出てくるハングル文字も、規則を覚えてしまえば、簡単だ。パッチムとか二重母音など、初めはとっつきにくく少し苦労したが、ひとつ山を越えて慣れてみれば、素晴らしい韓国特有の文字であることが理解できる。語順は日本語と似ているので、その点は入りやすい。

同じ漢字圏の中国語は、語順としては欧米語に近いが、人称代名詞はとても簡単で嬉しい。一人称は「我」、二人称は「你」、三人称は「他(彼)」、「她(彼女)」、「它(それ)」と、複数は、それぞれに「们」をつければよい。しかも主格、所有格、目的格など同じだから、合理的な言語だという気がする。

中国では日常われわれと同じ繁体字は使わず、簡体字が主流なので、これがわからないとまったく読めない。発音は、みっちり練習すればたいていの文字は読めるようになるが、四声（声調）の差による区別がけっこう難しい。

そろそろ次の外国語に挑戦しよう。狙いは、イタリア語だ。ひょうきん者？のダリオさんが司会する番組が、やたら面白い。一所懸命に私たちに覚えさせようと工夫しているダリオさんのその努力には、まったく頭が下がる。そうしてイタリア語も、少しずつ、わかるようになってきた。

語学ごとに友人を作る

語学の上達には、特別な手だてや裏わざはないと思う。赤ん坊が言葉を身につけるように、なにより繰り返し継続することが大切であろう。それが王道だ。

なかなか反復練習をする時間がない人も、嘆くことはない。たとえばＮＨＫの番組で、六カ月で一巡する講座を二クール、三クールと聴いていると、一回ごとに上達していく自分がわかって励みになる。

私は、七十歳までに、ＮＨＫが番組提供している外国語のすべてをマスターしたいと思っている。

満六十一歳のとき、友人の紹介で日英協会への加入を許された。この協会は種々の活動をしているが、折々に届く会報《ブルティン》を見ていると、素晴らしい企画の案内が満載だ。

あるときは、サー・ウィンストン・チャーチルの孫娘が来日し、プロジェクターで、ありし日のチャーチル卿の面影を見せながら祖父の思い出を語ってくれた。

アン王女が来日されたときは、東京会館で開かれたそのレセプションに三笠宮殿下ご夫妻も列席され、ご一緒して歓談できた。英国の王室は開かれていて、ごく気さくに話しかけてこられるのである。日本の皇室のパーティに出たことはないが、おそらくＳＰがガードを固めて堅苦しい雰囲気ではなかろうか。

またあるときには、日本文学の大家であるドナルド・キーン先生が「明治天皇」をテーマに講演し、質疑応答ができた。

外国語をマスターするには「継続こそ力なり」であるが、同時に実践することも肝腎だ。そのため私は積極的に、語学ごとに友人をつくるよう努めている。

英語については英国出身のキャサリンさんやニュージーランド出身のマーガレットさんが、ドイツ語についてはスザンナさんが、付き合ってくれ、教えてくれる。

中国語は、よく行くマッサージ師の大連出身の池氏が最低でも月一回の食事を共にしながらの歓談に付き合ってくれる。韓国語は、金知恵さんが教えてくれる。

こうしてみると、私の語学友だちには女性が多い。これも私が男の証拠、いま青春している証拠だろうか。実用語学は、うきうき、わくわく生きた会話を楽しんで学習することにかぎるというのが、私の考える鉄則だ。

ところで平成十年のこと、度胸試しにと国連英語検定試験に受験したら、受かってしまった。第二次試験の口頭試問は神田のＹＭＣＡで行われたのだが、たまたま終わったばかりの大相撲の三賞について質問があった。殊勲賞、技能賞、敢闘賞などは英語で説明しづらいところがあるが、デイリー読売を毎日読んでいたおかげで適切に表現することができ、助かった。会話のみならず、英字の新聞や雑誌を愛読するのも欠かせない。

Shall we dance?

サラリーマン時代に、オイルショック直前と、平成期に入る頃の、二度のバブルを経験した。不動産業だったから、それ相応の仕事をして相当の利益もあげ、羽振りもよかった。ほんとうは自分の精進努力の結果ではなく、ただ時代の趨勢が儲けさせてくれたにすぎないのだが、そのときは自分が会社を儲けさせたなどと増長し、交際費の使い方も粗っぽかった。

頻繁にキャバレーに通った。そして楽団の演奏に合わせ、ホステスとダンスにも興じる。スローテンポのブルース程度なら、なんとか踊れた。

平成バブル期には、韓国クラブが繁盛していて、そこにも繁く足を運んだ。もちろんホステスと戯れるのだが、やはり踊った。テンポが早くジルバによく合うホッスルダンスなどというのを韓国人ホステスに教わり、ステップをマスターして興に入っていた。

バブル経済は、平成二、三年頃になると弾けてしまった。たまたまそういうタイミングに、私はサラリーマン生活を退いた。

ワーカホリックとして追い求めていたのは、いったい何だったのだろう。

「夏草や　つわものどもが　夢の跡」という芭蕉の句が、やけに現実感を帯びる。戯れのダンスにうつつを抜かすような私の中のバブルも、もう弾けていた。だいたい、それまでの私の付き合いといえば、生き馬の目を刳り抜くように丁々発止とわたりあう仕事相手か、はたまた戯れに言葉を交わしダンスでスキンシップするか、そういうものでしかなかった。

ともあれ陶酔のばかばかしさから覚醒した私は、ふと自己流ではないダンスを基本から教わりたくなった。きっかけは、ちょうど「Shall we dance?」という映画がヒットしていて、その青春まっ盛りのスクリーンから飛び出すかのように躍動する楽しそうなジルバというダンスを、自分も踊ってみたいと思ったからだ。還暦を過ぎ、間違いなく私は「青春よ再び」と求めたのである。

まず初級の基礎から学ぶにかぎると考え、池袋の文化センターが主宰するダンス教室に通い始めた。そしてブルース、ワルツ、マンボ、キューバンルンバ、タンゴなど、一応は基本を終える。

そうしたある日、エリザベス桐谷という女性と知り合った。

NHKテレビで、以前、NHK解説委員の平野次郎氏が女性とペアで二十世紀を代表する十三の「人と事件」を採り上げて、肉声を聴かせながら解説する『英語の中の二十世紀』という三カ月ものの英語教育番組があった。

トーマス・エジソン、ジョージ・バーナード・ショー、エドワード八世、ルーズベルト大統領、ダグラス・マッカーサー、ベーブ・ルース、バートランド・ラッセル、ザ・ビートルズなどなどが採り上げられ、またウィンストン・チャーチルによるアメリカの大学での「バルト海に面したシュテッティンからアドリア海に面したトリエステまで、欧州大陸を横断して鉄のカーテンが下ろされた」という有名な演説もライブ感覚で聴けたし、ケネディ大統領が国民に訴えた「Ask not what your country can do for you, ask what you can do for your country.」という就任演説も、そこに臨席していたように聴いた。懐かしい平川唯夫さんのカムカム英語も登場したし、私にとっては、とにかく素晴らしい番組だった。

その番組で平野氏とペアを組んでいたのが、エリザベス桐谷さんである。たまたま湯島に近い不忍通りで彼女が向こうから歩いてくるのを見かけた。

こちらとしては、長い付き合いである。ただし、ブラウン管を通しての長い付き合いなのだが、そのときは実際にずっと以前から面識があると思い込んで「やあ、こんにちは」と声をかけてしまった。食い入るように観ていたし、聴いていて、すっかり他人とは思えなくなっていて、錯覚したのである。

すっとんきょうな顔をしていた彼女も、事情を呑み込んでくれて、すっかり打ち解けた。これが機縁で夫の桐谷一郎氏とも知り合い、ご夫妻と付き合いを深めることになる。夫君は、著名な画家だった。夫妻は、いやエリザベスが、昔ながらの根津にある長屋が気に入って、そこから離れようとしない。

そのうち彼女から、近いうち夫妻でダンス講習会を開くつもりだが、参加しないかとの誘いがあった。もちろん二つ返事で参加する。

集って踊ってエンジョイする

勘違いによってエリザベスさんと付き合うことになって、私のダンスとの付き合いは、次のステップに入った。

そのダンス講習会は、平成十二年五月から始まった。年齢的にも近い人たちが参加し、女性も約半数いて、じつに具合よく心地いい集まりだ。

ここでイの一番に習ったのが、マンボである。じつは文化センターで基本を習ったとき、複数の女性を相手に、私のリードで彼女たちがいっせいに同じスタイルで踊る、そういうことも可能なマンボを踊れば、まるでハーレムのようなものだわいと悦に入っていた。そのマンボをいきなりやるというのだから、なおこのダンス講習会が気に入った。

文京区の専任ダンス講師の柴田女史がソフトにやさしく教えてくれるのに乗って、多少の心得がある私はもちろん参加者みな早々にマンボをマスターし、さて次がブルース……。

クォーターターン、ナチュラルターン、リバースターン、チェックバック、クォータータ－ン、チェックバック、ナチュラルターン、リバースターン、チェックバック、クォーターターン、クローズドチェンジ、ピボットターンと繰り返して、会場を一回りする。知らない人にはチンプンカンプンかもしれないが、この柴田先生のバリエーションは素晴らしい。

そして私の得意なジルバが、次のコースだった。

この、いわば同好会のような集まりは、週に一度の練習で汗をかいた後、みんなで近くの居酒屋に繰り出し酒を酌み交わしながら談笑する、それが良い。

その仲間の一人に千駄木で喫茶店「ジャーニー」を経営する二村氏がいる。ここのコーヒーは、香りも味もベリーグッド。ダンス同好の士も集まってくるし、私はほとんど毎日のようにジャーニーへ行き、サイフォンでいれる特上のコーヒーを飲むのを楽しみにしている。この店の便所も、子どもの頃に住んでいた駒込の実家で使っていた旧式の水洗トイレで、なんとも懐かしく好きだ。

ところでダンスというのは、習い始めて多少なりとも踊れるようになると、なぜか他流試合をしてみたくなるものらしい。

その腕試しをするには恰好の場が、私にはある。箱根の仙石原に二カ月に一度ほどゆっくりしに行く定宿があるのだが、このビラには付属施設としてダンス場がある。そういえば、これがあって横目に見ていたことも、本格的にダンスを始めたくなった理由の一つなのかもしれない。

そのダンス場には、よく旅行社がセットしたダンス大会のツアー客や、小田原市近辺のダンス同好会の人たちが来ては、バンドも入れて本格的な催しをやっている。そんな折りには、私も仲間に入れてもらって、踊る。

しかしながら、そこへ集まる人たちは、ステップも軽やかに踊るベテランたちばかりで、自分がまだ初級にすぎないことを思い知らされる。またエリザベス夫妻の講習会に帰って、柴田先生の指導よろしきを得ながら、腕とステップを磨くとするか……。

人生、出会って、集って、踊って、楽しい。こういう青春は、もっともっと追い求めるにかぎる。

時間は使いよう

まだまだ楽しみは尽きず、どんどん世界が広がっているという実感がする。そんな日々が続いている。どこまで世界が広がっていくのか、自分でもわからない。

こんどは、近代文学にも踏み込むことになった。ふつうの人なら多感な青春時代に多く読んだであろう、世にいう名作という小説を、ほとんど読んでいないということに、はたと気づいたからである。なんと怠惰な若き日々を送ったことか。古典にのめり込むのもいい、しかし人並みに名の通った本くらいは読んでおかないと、恥ずかしいと思った。

ただ、ここまでいろんなことに手をだしていると、物理的に時間が足りない。本を読むのには、けっこう時間がかかる。

だいたい私は不動産コンサルタントとしての仕事を持ち、共同経営とはいえ、「ビジョンクエスト」という会社の経営に携わっている。また不動産流通機構となっている全国ネットの「アットホーム」という会社の顧問として、全国五万八千社の会員に配布される定期刊行物『REALITY TIME』の「不動産よもやま時評」という連載記事の執筆を担当している。

いくつもの仕事を兼ねている現役なのである。それらを、けっして疎かにはしていない。余暇で仕事をしているわけではないのである。

たしかにサラリーマン現役のときのように、フルタイムでオフィスや現場に拘束されてはいない。また嫌だと思って残業するようなこともない。しかしコンサルティング業務や、経営、それに執筆や、あるいは講演その他、けっこう絶対的な時間というものが必要なことばかりである。

では、これまで述べてきたような私のやっているようなことを、いったいどのように時間を按分しているのかという話になるが、それほど難しい話ではない。

そこそこ年をとってくると、人はみな早起きになる。有り難いことに、NHKなど、早朝を中心に素晴らしい教育番組を流してくれている。それも十分とか三十分とか、コンパクトに内容の濃い番組づくりに工夫してくれている。

夜になれば時間的には多少ゆとりもあるから、ここでは時間の長い特集番組でも対応できる。

しかも、いずれの番組も、連日つきっきりで張りつかなければならないというものではなく、たとえば週に一度というペースで、単純計算でいえば、一日が一科目とすれば週に七科目を学ぶことができる。朝と夜に別々な勉強を一つずつやるとしたら、計十四科目。

さらに、これら以外の勉強については、週に一回か月に一回の集まりを学習の場にする。それで、数科目がこなせる。実際には単純計算どおりにいくわけではないが、時間の使いようによっては、五つでも、十でも、二十でも、やりたい事を、やることができる。

かつて出張といえばトンボ返りだったが、最近の出張は、体力的に無理をしたくないということもあって、なるべく日帰りを避けて宿泊するようにしている。そして近くの神社仏閣や名所旧跡を訪ね、また博物館や美術館で展示物を観賞したり、図書館で調べ物をしてくる。

もちろん私の出張には、ラジオは必携品だ。テレビはホテルにあって、朝晩の勉強は出張先でもできる。録画や録音もフル活用すればよい。というわけで、工夫する知恵さえあれば、相当の時間を自分のやりたいことに割くのは可能だ。

そうはいっても、どうしても睡眠時間を削りがちになる。ときには睡魔に襲われることもある。

あるとき東京史跡旧跡探訪会で仲間たちと鎌倉方面へ行ったときのことである。時宗開祖の一遍上人が開いたとされる名刹の岩蔵山光触寺《がんぞうざんこうそくじ》を訪ね、住職から、後醍醐天皇の御宸筆と伝えられる「勅額」の説明や、ご本尊の頬焼阿弥陀《ほおやけあみだ》の縁起を聞くことになった。張り切って、本堂の一番前で聞こうと席をとったまでは殊勝だった。

ところが……あとで聞くと、堂々と鼾をかき、ぐっすり眠ってしまっていたらしい。住職は、一オクターブ声を張り上げて説明を続けたそうだ。熱弁をふるった住職さんにはまことに失礼をした。

また、高速道路を走っていて睡魔が襲うこともある。どなたもやっていると思うが、急いで緊急避難用のスペースに一時停車して眠ることにしている。十五分ほどで目覚め、気分も爽快、すっきり運転できる。ようは短時間でも熟睡することだ。遠慮なく十五分ほど仮眠をなさることをおすすめする。

そうはいっても、やはり一日二十四時間、使える時間に限りがある。

古典は、少なくとも原文に目を通すことが必須である。しかし近代文学にチャレンジするにあたっては、原則としてテープやＣＤを買ってきて、車を運転しながらの、ながら読書をすることにした。有り難いことに、名作といわれる小説のほとんどは、テープやＣＤに吹き込まれて売られている。

おかげで、もう相当数の文学作品を読破、いや聴破することができた。

富士に太宰を、トンネルに川端を想う

文学作品を聴くというのは、たとえば次のようなときである。

私は、富士山が大好きだ。「八面玲瓏《れいろう》な山」という表現があるが、わが国においてそれは富士山をおいてあるまい。その霊峰に魅せられて、年に四回、春夏秋冬の富士山を訪ねるのが私

の恒例である。スバルラインを利用して、五合目まで何度登ったことか。その富士山に行こうとする車中で、たとえば富士山にかかわる太宰治の『富嶽百景』を読む、いや聴くのである。

「昭和十三年初秋、思いを新たにする覚悟で、私は、かばん一つ提げて旅に出た。甲州。……御坂峠。海抜千三百メートル。この峠の頂上に、天下茶屋という、小さな茶店があって、井伏鱒二氏が初夏のころから、ここの二階に、こもって仕事をしておられる。……」

そして「風呂屋のペンキ絵だ、芝居の書き割りだ」と軽蔑していた富士に、だんだん太宰は魅せられていくのだ。あるとき河口局から郵便物を受け取り、峠の茶屋に引き返す途中のバスの中で、母に似た老婆が、女車掌が富士を愛でる間、関係ないという風情で山側の月見草を指差した。富士と対峙して微塵のゆるぎもない月見草を、太宰は「金剛力草」と表現する。それは太宰の屈託した気持の代弁でもあったろう。人間的なけなげな生き方を月見草にダブらせ、ことさら月見草を持ち上げている。

以上のような富嶽百景のくだりが、耳から入ってくる。そうすると、もう矢も楯もたまらず、私はハンドルを切って御坂峠を目指すことになる。

河口湖大橋を渡って、御坂道に車を入れる。しばらく直進して、標識にしたがい右折すると、御坂峠と三つ峠への登り口だ。つづら折りの道をかなり登っていくと、そこに天下茶屋があった。

その天下茶屋の、太宰治記念館にもなっている二階の太宰が逗留した部屋にたたずみ、当時の太宰の心境を想ってみる。そして、太宰も見たであろう秀麗な富士を、窓から眺めてみた。その後、太宰の『走れメロス』『トカトントン』『満願』『佐渡』を、立て続けにテープで聴いた。若いとき犬の物語かと思い込んでいた『走れメロス』が、なんと男と男の友情物語だったとは、初めて知った。

川端康成の『伊豆の踊り子』を、都内の道路を走りながら聴いたときには、その小説が、両親を亡くして祖父と暮らしていた屈託した一高生の自分自身を描いていると知った。自分とは境遇が違うものの、その青春の鬱屈した体験を私も実感したくなり、ハンドルを伊豆に向けて切ることになった。

春まだ浅い下田街道に車で向かい、新旧道路の分岐点からは、歩く。遙か丘陵の下を行く新道ではなく、もちろん山の中腹をたどる旧道を行く。

「道がつづら折になって、いよいよ天城峠に近づいたと思ふ頃、雨脚が杉の密林を白く染めながら、すさまじい早さで麓から私を追ってきた」

その川端に、安宿のバアさんが追いついた「トンネル」まで、やっと着いた。トンネル内には電灯がついていたが、それは現代の演出で、当時のトンネル内は灯り一つない真っ暗闇だったらしい。相当に長いトンネルなのに、びっくりした。通り抜けるには、冷蔵庫のように寒く、氷柱《つらら》が下がっている中をくぐり抜けなければならなかった。

川端の作品には、どうもトンネルの設定が多く使われているようだ。ご存知のようにあの『雪国』の出だしは「国境の長いトンネルを抜けると雪国であった。……」である。

『雪国』では「駒子」や「葉子」と登場人物の名が明らかなのに、『伊豆の踊り子』のほうは、とうとう踊り子の名前はわからないままだ。たぶん川端は、自分がいま生きる現実とは違う異郷の世界への憧憬《しょうけい》と、そして幻想を、そのトンネルに託したのではないかと想像する。そして川端の、踊り子への思いも私なりに忖度《そんたく》してみる。

聴くだけではなく、ぜひ読みたい本も

春まだき二月に川端康成の世界を歩いて、次は同じ伊豆の河津町に足を向ける。そこは『曽我兄弟の仇討ち』に登場する兄弟の実父、河津氏の出身地である。その父親が誅殺され、母親は曽我氏と再婚して、曽我氏のもとで育てられた兄弟が仇討ちする物語だ。

この河津は、春に先駆ける河津桜が有名である。土手に群生する菜の花と調和して、じつに見事な彩りだ。ふと気がつくと、藤原師通《もろすけ》の

「花ざかり　春の山辺を　見わたせば　空さへ匂ふ　心地こそすれ」（千載集）

を口ずさんでいるのだった。

河津では、天然記念物の大蘇鉄が蘇生していた。この地に来宮《きのみや》神社があるというので、畦道を迂回して向かう。その畦道に野蒜《のびる》やら土筆《つくし》が芽を出し、早くも春を見つけた。

ここの来宮神社は、熱海のそれと違って、境内の大樟《おおくす》は天然記念物だという。じつは熱海・来宮神社の天野さんという宮司とは懇意になっていて、熱海に行くたび寄るのだが、あそこにも同じような大樟があるので、てっきり熱海の摂社かと思い込んだら、まったく別の神社らしい。

さて、こんどは『武蔵野』をテープで聴いて、往時の面影が残る埼玉県新座にある平林寺の付近を逍遙してみた。国木田独歩が佐々城信子と激しい恋のすえに結婚し、そして破滅していった、その心境を重ね合わせてみる。その流麗な文章は、実際に読むにかぎると思って、書店で買い求めて読み、満足できた。

中島敦が漢文調で書いた『山月記』なども、文字を追って読まないと、語彙のもつ広がりが心に浸みてこない。

それにしても『山月記』は、なんと美しい文章であることか。漢学者の中島撫山を祖父とし、父や伯父、叔父も漢学に精通していた中で育ったとはいえ、なんとも格調の高い文章である。これを三十三歳で書いた直後に世を去った作家の、珠玉の遺作である。なにも急ぐ理由はなかったが、気が急いて彼の『李陵』も買ってきて、その美文に酔いしれた。

「隴西《ろうせい》の李徴《りちょう》は博学才穎《さいえい》、天宝の末年、若くして名を虎榜《こぼう》に面ね、ついで江南尉《こうなんい》に補せられたが、性、狷介《けんかい》、自らたのむところすこぶる厚く、賤吏《せんり》に甘んずるを潔しとしなかった……」

この出だしの一節は、何度も口ずさみ暗誦した。ちなみに虎榜とは科挙の試験に合格した進士の姓名を掲示する札で、江南尉は長江以南の軍事・警察を司る官職、狷介とは頑固で人と調和しない性質のことである。

内容は唐代の李景亮が書いた『人虎伝』をベースにした短編で、李徴が虎に変身する、いわゆる変身譚である。変身譚といえば、これは学生時代にたまたま翻訳本を読んだことのあるカフカの『変身』も変身譚で、これほどの感動をした記憶はない。

「東海道五十三次」を巡るドラマ

さて富士山が好きだということで思い出したが、私は、富士を描いた絵や写真に人一倍の愛着を感じる。その中でも秀逸だと思うのは、葛飾北斎の『富嶽三十六景』だ。それは文政六年(一八二三)から七年ほどかけての作品で、現代にも「赤不二」とか「裏不二」などと知られる絵も含まれた構図も大胆な見事なものである。

富士山に魅せられていたのは、江戸時代の人たちも同様だったらしい。北斎が活躍した文政の頃は、たいへん富士山信仰が高揚した時期だった。身禄《みろく》行者がそれを広め、江戸市中には、なんと八百八講といわれたほどの富士講ができた。身禄行者は、その講中の代表者を連れて、毎年七月一日に富士山の山開きに出かけたという。しかし一方、実際に富士山へ行けない者のために江戸の市中に富士塚を築き、そこに登ることを勧めている。

いま私は、その東京の小公園や寺社の境内にあちこち残っている六十八の富士塚を訪ね歩き、そして一つひとつ、まあ実際の富士山の千分の一程度のミニチュア富士山を登っている。ともあれ、そういう富士講が最盛期だった頃に北斎が『富嶽三十六景』を発表しているから、飛ぶように売れたことだろう。

そういう葛飾北斎が『東海道五十三次』を描いているということを、あるとき知った。えっ、北斎が？

安藤広重の『東海道五十三次』なら知っているし、好きだった。あれは二十代の頃だったが、ある銀行が広重の『東海道五十三次』をあしらった宣伝用マッチを使っていて、それが欲しいために、その銀行にわざわざ預金口座を設けたほどである。

その東海道五十三次マッチを全部揃えるには、たびたび預け入れをしなければならず、そんなに預けるお金がない身としては難儀した。そうこうするうちに藤和不動産に入社し、そのメイン銀行がその銀行だったことを知って嬉しくなり、新人ながらあつかましく経理の人に頼んで、起点の「日本橋」と終点の「京都」を含めて全五十五個のマッチを入手することができた。

それは私の、ささやかな蒐集品というか宝物のようにすら思ったものである。だが、いつしか広重のことも東海道五十三次のことも、忙しさにかまけて忘れてしまった。宝物のマッチも、どこへやったやら。

これも還暦過ぎたある日のこと、東京駅のステーション・ギャラリーで安藤広重の「東海道五十三次展」をやっていた。この東京駅の丸の内南口では、古めかしい駅舎の高いホール天井の下で、コンサートやら美術展などをよくやっていて、楽しませてくれる。その展覧会を観て、いま再びと感激を新たに、売店で複製の絵葉書五十五枚を買う。

そしてまた別な機会に、八王子の東京富士美術館で、広重の東海道五十三次と葛飾北斎の東海道五十三次とを比較した展覧会が開かれていると知ったというわけである。北斎が東海道五十三次を描いていたとは知らなかった私は、すぐ八王子へと車を飛ばした。

たしかに、北斎も東海道五十三次を描いていた。だがその絵には、広重のそれと見比べると、どこか精彩がない。また、五十三次すべてを描いているわけでもない。どういうことかと解説を読むと、次のようなことらしい。

ちなみに東海道の五十三の宿場風景を描いた絵は、江戸初期から何人もの絵師によって、いくつもあるという。はじめ役者絵や美人画などの浮世絵で名をなした葛飾北斎も、文化三年（一八〇六）頃から手がけだしたとか。それは急ぎ仕事ではなかったらしく、一枚、また一枚と、ゆっくりしたペースで描いている。

安藤広重が東海道五十三次を描いたのは、天保三年（一八三二）に三十五歳で東海道を旅した直後のこと。その翌年、保永堂という版元が、そう名づけたのは初めてらしいが『東海道五十三次』と題して発表した。つまり、いろいろある東海道五十三次を描いた絵の中でも、広重の絵は江戸末期の作品ということになる。

たしかに広重の巧みさがあって、そして保永堂の商売・宣伝上手ということもあったのだろう、広重の東海道五十三次は大ヒットする。それが広く流布したのを知った北斎は、もう二度と東海道五十三次を題材とした絵を描かなくなる。

そもそも北斎自身、それほど東海道五十三次を描くことに執着していなかったのではないか。だから、富嶽三十六景のように観る者を圧倒させる迫力に欠けているのだろう。また、もう七十三歳くらいですでに世に名をなしている北斎は、新進作家の勢いに抗するつもりもなかったから、いまさら東海道五十三次でもあるまいと、それに関しては絵筆を折ったのであろう。

そんな広重の東海道五十三次と北斎の東海道五十三次との係わりに想いを巡らすのは、それはそれで想像を掻きたててくれる。しかし、ここで語りたい東海道五十三次についての顛末は、ほかにある。

北斎と広重を見比べる展示会に出かけた翌年のことだった。ある新聞で、江戸後期の蘭学者であり洋風画家の司馬江漢が描いた『東海道五十三次』の元絵が名古屋で見つかった、という記事を目にした。その内容が、広重の東海道五十三次と構図がそっくりだという。

えっ、どういうこと？　その江漢の東海道五十三次が、伊豆高原美術館に展示されているという。もちろん、すぐさま私は車を伊豆高原に走らせた。

司馬江漢というのは、初めて知る名だ。その司馬江漢の東海道五十三次を観て、ほんとうに驚いた。大好きな広重のそれと、そっくり構図が同じなのである。いったい、これはどういうことか？

その江漢の東海道五十三次を買い取って展示しているという、伊豆高原美術館の對中如雲《たいなかじょうん》館長に、その著作を含めいろいろ教わった。

江漢は、はじめは浮世絵も描いていたらしいが、中国風の写生画などに深い関心を示し、やがて西洋の美術はいうまでもなく、測量術やら地球儀やら科学にも興味を抱き、そうして透視図法を用いた写実的な油絵つまり洋画を専門とするようになる。日本で初めて腐食銅版画《エッチング》にも成功している、もう日本のレオナルド・ダ・ヴィンチといっていいように多才ぶりを発揮した人物だとか。

その江漢が東海道五十三次を描いていて、その絵が広重のそれと瓜二つであるというのは、どういうことか。その謎解きを、對中館長が著書『広重「東海道五十三次」の秘密』（祥伝社ノンブックス）で行っている。

江漢が、広重を真似たのか？　いや、江漢は広重より約五十歳ばかり年上で、しかも広重が保永堂から東海道五十三次を発表したとき、すでに江漢はこの世の人ではなかった。とすると答えは一つ、わが若かりしときに求めた広重は、江漢の作品を剽窃した……と。そうだったのか、平たくいえば盗んだということか。

そういえば司馬江漢の本名は「安藤勝三郎」という。その「安藤」も、騙ったのだろうか。まあ保永堂と広重がグルだったのかどうか、いずれにせよ江戸の庶民も、そして私も、盗作を楽しんでいたということになる。

ただ、だからといって広重の絵の価値が下がるものではない、と對中館長は強調している。そのとおりだと私も思う。その画風は、現代にも通じる色づかいで描き方もグラフィックデザイン的なもので、登場する人物や風俗も楽しく、魅力的で感心する。実際、当時は剽窃することが悪とはされていなかったらしい。あくまでも元絵に題材を借りることは日常茶飯事だったとか。

伊豆高原美術館で江漢の東海道五十三次の絵葉書を買ってきて、前に蒐集した広重の東海道五十三次の絵葉書を見比べたところ、全五十五枚のほとんどが構図を同じくしているのに、二点だけ絵柄がまったく異なっている。これは、どうしたことなのか？

たとえば名古屋の手前、熱田の宿を描いた絵が、両者でまったく違う。広重のそれは、馬追いの絵だ。ところが江漢は、熱田神宮を描いている。また広重の東海道五十三次では、五十五枚目に三条の橋の上を描いて、旅を締めくくっている。これに対して江漢は、御所を描いている。

さっそく對中伊豆高原美術館長の著書のページをめくると、江漢は身分の高い出自だったといい、だから熱田神宮や御所にフリーパスのように出入りすることができたそうである。そして、広重は実際に東海道を旅していない、とまで断じておられる。

なるほどなぁ。そこから私なりに考えを巡らしてみるに、たぶん保永堂の深謀遠慮がはたらいているのではないかとも想像する。

その絵が意図した盗作だとすると、一介の絵師の身分では入れるはずもない熱田神宮や御所を描いたら、もちろん庶民も嘘を見抜くだろうし、なによりお上が目にしたら逆鱗に触れて首を刎ねられてしまうかもしれない。だから、当たり障りのない馬追いや三条の橋の上を描いた。他の宿場の絵柄は、身分の高い人間であろうと下々の者であろうと誰でも見ることのできる光景であるから、どうとでも言い逃れはできる。

こうして對中伊豆高原美術館長のおかげで、安藤広重と、葛飾北斎と、それに司馬江漢と、それぞれの『東海道五十三次』のことを知って、また別な世界を覗いた気がした。

もちろん、これまで私が覗いたそれぞれの世界には、一つひとつ専門分野として極めた先達がおられる。はたと自分が浅学非才であると知って、その無知を恥じる瞬間だ。そうした斯界の権威による学識・識見には、もう足元にも及ばない。そのことは、重々承知している。

しかし、ここ一、二年、いろいろなことが一つにつながって、なにか自分が独自に新しい世界を発見したように思ってしまうことが、とても多くなった。

【第五章】

もう一つの人生を生きる

世界がリンクする

私は、ただただ与えられたサラリーマンとしての仕事だけに猪突猛進し、それ以外を知らないまま何十年と過ごしてきた。ところが、さて還暦を過ぎ、周りにごろごろ転がっていた不思《ワンダー》議の国《ランド》への入口に潜り込んでみた。

見回してみると、いろいろな世界が広がっている。その一つひとつが新鮮で、見るもの、聞くこと、新しいことばかり。たぶん子どもは皆そうなのだろうと思うが、私も子どものように、ほやほやの実感に生き、わくわく心躍った。

そうして古典から始まった私のワンダーランドへの旅で、まったく知らない世界へと次々に足を踏み分け入ってみると、いろいろなことが見えてきて、自分なりの思い込みも含め、未知の世界で大発見をした気になった。そういうプロセスが、私をして不思議の国のアリスにも似た興奮と歓喜をもたらしてくれる。そこが、私にとって大事なところである。

これはもう、新しい別な人生を生きているというしかない。

そうしたある日、ハッと気づいた。おのおの異なった旅であるはずのことが、あるとき、ちょっとしたきっかけで、リンクする感覚が生まれるようになっていた。

ここ一、二年いろいろなことが一つにつながると感ずることが多くなったというのは、そういうことである。リンクするというのは、たとえば次のような感覚だ。

私にとって箱根というのは、とても好きな所の一つで、定宿で疲れを癒し、元気が出たところで、旧東海道の関所辺りを歩くのがお定まりのコースだ。今年の正月も、寒風吹きすさぶ中を歩いたから、身を奮い立たせるために大声を出して、だれ憚ることなく

「♪箱根の山は天下の嶮　函谷関も物ならず　万丈の山　先仭の谷　前に聳え後に支う　雲は山を巡り霧は谷を閉ざす　昼なお闇き杉の並木　羊腸の小径は苔滑らか♪……」

と歌いながら歩いていた。

歌いながら、その滝廉太郎が作曲した『箱根八里』の歌詞というのは、一貫して漢文調の歌詞だなあと思いを巡らしていた。

そうして次の「♪一夫関に当たるや万夫も開くなし」という歌詞を口にして、はたと気がついた。いつも聴いているNHKラジオの毎週金曜日、夜九時半からの『漢詩をよむ』で、その李白の『蜀道難』という漢詩を学んだが、その中に、まったく同じ「一夫当関　万夫莫開」という一節があったのを思い出したのである。

とたんに、白髪三千丈の地と、箱根が、一つにリンクした。もちろん「白髪三千丈」とは李白の『秋浦歌』にある一節で、大げさなようではあるが、老いを感じた瞬間の気の遠くなるような悲しさが伝わってくる。

そして、まだ行ったことがないが、函谷関というのは、きっと厳しい峠を切り分ける関所なのだろうな、いったい万丈の山や千仭の谷というのは、どんなに険しい地形なのだろうか、などと想いは中国に飛んだ。

はじめて中国の水墨画を目にする機会があったとき、その描かれる形象がオーバー気味なのとタッチが幻想的なことに、その造形の妙味にこそ感心したが、やや現実感に乏しいなと思ったものである。しかしテレビ画面で中国の急峻な山岳地帯や怒濤の渓谷を目にすると、その描かれた絵が実際にある風景なのだと現実味を帯びる。

その白髪三千丈という土地柄を実感できるようになった感覚と、いま歩いている箱根八里の現実感が、一つになるのである。

こういう、まったく違う世界がつながるときの感覚というのは、自分とは無縁と思っていたどこか遠い世界が急に自分のものになるという充実感をもたらしてくれる。

いくつもの洞穴が通底していた

『箱根八里』を作詞した鳥居忱《まこと》という人は、よほど漢籍に通じていた人だろう。もちろん滝廉太郎にしても、漢籍に親しんでいなかったら、その漢文調の歌詞をあれほど巧みに曲に乗せることはできなかったろう。

昔の人は漢文、漢詩を学ぶのが必須だったから当然といえば当然だが、それを日本の歌詞として詠み込み、また唱歌として歌い込んで、それが老若男女に親しんで歌ってもらえるとなると、よほど通暁し、練れていないとできない相談だろう。

前述したが、たとえば清少納言が枕草子で中宮定子から突然「香爐峰の雪は?」と語りかけられ、それが白楽天の「香爐峰雪撥簾看」という漢詩を引用した問いだと即座にわかって、そして白楽天が詠んだとおり御格子を巻き上げて応じたという、その例と同様である。

そして、それらと同レベルとはおこがましくて口が裂けてもいえないが、私も、漢詩に関心を深め、また唱歌に凝るようになっていて、その二つが『箱根八里』を歌っていたときにパッとつながった。そのことに、われながら驚いた。そして舞い上がらんばかりに嬉しくなり、心が満ちた。

この、まったく違う関心事がリンクして一つになる実感を、別ないいかたで説明すると、こういう感覚であろうか。

とにかく私はサラリーマン時代、脇目もふらず働きに働いて、人一倍、いってみれば一つ穴を深く深く掘っていた。もう、ほとんど中毒になっていたと思う。

そういうワーカホリックが、還暦を過ぎて大変身した。そして、ただサラリーマン仕事だけしか知らないはんぱな人間になっていたことを悔やんだ。

一方で、それまで見向きもしなかった古典のあれこれや、神社仏閣、文学、美術、語学などなど、じつに多彩に興味をおぼえた。そして、その一つひとつについて、そこに待ち構えるかのように洞穴があるのに気づいて、その都度いちいち入り込んだ。

その洞穴探検は、それぞれ浅掘りであったろう。自分では深掘りしたつもりでも、とても専門家の比ではない。その点は、わきまえている。

しかし私自身にとっては、たとえ専門家の域に達していまいと、その一つひとつが新鮮で一心不乱に潜った。

なぜ潜るのかと理由を自分に問うこともなく、ただ潜ってみた。

そして気がついてみると、いくつもの洞穴が、その底で、他の洞穴と洞窟で通じていて、そこから明かりが見えた。たとえていえば、そのようなことである。

真っ暗闇に一条の灯が射した……そういう感じである。一つの世界が、一瞬にしてパパッと広がるといおうか。

あるいは、自分が思ってもみない異次元空間にトランスポーテーションでもしたのか、という感覚である。

急にそういう別世界が拓けるのだから、これは興奮する。

何でもありの素人人間だから……

私は、かつて不動産の世界しか知らなかった。

これは先にも述べたように、そろそろ三十代に近くなって、いつまでも滞納税金の徴収ばかりしているのは自分の一生の仕事とはどうも思えず、何か自分に向いた仕事を……と転職して得た職場だった。

その転職する際にも少しは考えていたと思うが、現実に働くようになって強く意識するようになったのが、この不動産の仕事は、大学で法学を勉強してきた自分にとって、まさしく向いた仕事ではなかったかということである。法学を勉強してきた自分というより、まさに自分でよく承知している自分自身の性格に、ぴったりのはまり役だった。

不動産というのは、もちろん資産である。だから、その売り買いには会計処理が必要で、その専門職としての会計士がかかわることになる。同じように、不動産売買は財産の授受だから、その税金を専門に扱う税理士も介在する。法務局への届けや法曹関係の書類を整える司法書士も必要だ。ことが係争問題となったら、弁護士の出番だ。

つまり数多くの専門職が関係してくる。しかし、ここが肝腎なところなのだが、その専門家の誰をとっても、その専門分野の一人だけでは、けっして不動産の商いはできない。

たとえば都会の市街地で土地を有する地主が、それが相続物件であったりすると、まともに相続税を払えないものだから、その有効利用する方法がないかと知り合いの税理士か弁護士に相談する。そのようにしたとしても、まず良案が浮かぶはずがない。税金や法律のことだけは知っているものの、税理士や弁護士は「不動産」のことを知らないから、つまりトータライズできないのである。

そこで、回り回って私のような者のところへ話が持ち込まれる。そして、たとえば前述した等価交換方式のような、税金を払わないですむ物々交換（権利変換）の方法を私は編み出す。

昔にかえって少々自慢げにいうが、ふだんから不動産に関する物事を横断的に見ているから、それができる。いろいろ係わってくる多種多様な権利や法的な取り決めを、あれこれ調整・処理しながらまとめあげ、そして開発していくのが不動産の仕事である。

とにかく、いってみれば業際的に振る舞い、それもたいてい大きな（金額の）物件を、目に見える都市などの広い舞台で、プロジェクト全体のマネジャーとして振る舞い、総合的に統合していく仕事なのである。

これは、じつに面白かった。誰もが迷路に入り込んでいるようなときに、エイヤッと、一丁上がり、一件落着とやるのだから、こたえられない。

そうしたとき私は、税理士や弁護士なんて「専門バカじゃ何一つできやしない」といってのけ、不遜にもふんぞり返るような態度だったと思う。また、設計屋も図面の線を引いているだけで、その開発の中身をプランできるわけではあるまい、ただ物件を売り買いする仲介業としての宅地建物取引業者の資格だけでは「開発」はできまい、などと鼻高々だった。

そうした現役の頃、同業・異業を問わず付き合った連中に、よく自分と同じタイプの人間を見つけたものである。つまり業際を横断的にコーディネートし、プロデュースしていく仕事をする人の中に、とかく専門家を、蔑視とまではいわないが軽視するような風潮があった。

たとえばアラビアで石油掘削のプラントを立ち上げる責任者となった商社マンは、日本から専門家をかき集めてくる一方で、現地人を労働者として雇い、何もない砂漠に一つの村を作りあげて、その村長におさまるようなものである。いや、アラビアの国王や政財界トップと付き合って商談をまとめあげるのだから、日本を代表した、そう、お山の大将きどりである。何も怖いものなしと、あたりを睥睨《へいげい》していた。

一般の営業職の人間も、そう。市場ニーズを発掘してきて、それを研究所や技術職の人間に命じ、強引に作らせ、そうして俺が新しい製品を開発し、新しいマーケットを開拓したんだ、と胸を張る。それは一面間違ってないのだが、専門職だけじゃ何もできないとふんぞりかえるようでは、やはり問題があると、いまの私は思ってしまう。

しかし私は、遅まきながら気づいた。いろいろ細胞分裂した先に興味の世界が広がって、それぞれ、その道の先達に学び、教わり、そうして導かれて拓いていく。

この間の過程を真摯にとらえれば、いわゆる「専門家」は、私にとって「師」以外の何者でもない。ただただ敬服し、教えを乞う。そうして、とっても有り難い存在だと、心から感謝している。

なぜ、こういう話をしているのか。つまり自分の性格は、いろいろ多岐多様な事を一つにまとめ上げていくのに向いているという、ただそれだけのことだったのではないか、と。よくいわれることだが、人間には、一つのことをとことん突きつめていくスペシャリストと、全般を見渡してまとめあげるジェネラリストと、二つのタイプがある。たまたま自分は、何でもありの後者のタイプのようだ。

そのどちらが上か、という話ではない。ただ差異があるというだけのこと。事細かにディテールを知っているだけに怖くてスペシャリストが踏み切れないでいるところを、いってみれば素人であるがゆえに、横断的に軸足を置いてエイヤッと発想する。いま不動産コンサルタントという仕事をやっているのも、同じレベルだと思う。

もし私が専門家タイプだったら、たぶん還暦を過ぎて源氏物語に再会したというか、新たに出会ったとき、その源氏物語か平安王朝文学ないしは日本の古典だけに、深く深くのめり込もうとしたかもしれない。ただし、そのかぎりでは長年ずっとその分野で研究されてこられた学者には、けっして及ばず、素人の趣味という域を出なかったに違いない。

しかし私は、ジェネラリスト型。もちろん一つのことを満足するまで可能なかぎり追い求める欲張りではあるが、同時に、枝葉が広がったときには、興味の赴くがままに身をまかせて横道にもそれよう。それを浮気性とはいうまい。

物事の見方が変わった

いろいろなことに興味をもち、いろいろ首を突っ込んだおかげで、たとえていえば『東海道五十三次』という二次元平面に描かれた絵の、その奥にある時空を超えた世界が、そして人間ドラマが、窺い知ることができた。そのように次元を超えることができたのは、あるいは自分がジェネラリスト型だったからかもしれない。

そのジェネラリスト型の特質が、ことサラリーマン社会でだけ発揮されたのが、還暦前。いま還暦を過ぎて、いろいろな世界を横断的に見るところで、そのジェネラリスト的な特質が助けになっているような気がする。

そのジェネラリスト的という以上に、いまの私を特徴づけているのが、物事の見方だと思う。なにより見方が変わったと、自分でも意外に思うことがしばしばだ。

目先が、広がった。以前のように、仕事一途といえば聞こえはよいが、一つ目先を見つめるだけで、他が(目に入っていても)見えず……ということがなくなったように思う。いつも視界に多くのことが入って、それぞれを気にとめるようになった。

じつは、この点に関して正確にいうと、見ようとしなくても、横穴の洞窟の先に灯りで照らされた、何か別な意外な物事が見える、といったほうがいいか。暗闇に明かりが射すと、もちろんどんどん覗いてみたくなる。

また目線が、細かくなった。たとえば花の名前を、かつて私は、ほとんど何も知らなかった。わずかに知っていたバラ、ユリなどについても、その漢字表現すらおぼつかなかった。ところが、いまは違う。

蕗と山吹の違いが、わかる。あやめ、かきつばた、しゃがの三つが、どう違うのか、花弁や葉で見分けるところまで、対象を見つめるようになった。その他、いろいろな草花の、花や葉の形がどうで、どう成長するのかも、説明できるようになった。

そのように詳しく草花のことを知ってみると、急ぐために近道を通ろうと草花を踏みつけながら道なき道を行ったり、不動産開発のために平気でブルドーザーに野原を掘り起こさせたりしていた、昔の自分が信じられない。

つい先日も、車のフロントガラスに小さな虫が止まっていた。そこでワイパーを動かして除けようとしたら、その虫は、外ではなく車内の側にいたのがわかった。そこで窓を開け、手で払うように外へ出してやった。蠅や蚊さえ、叩きつぶして殺生するにしのびない。こんな細やかな神経が自分にあったとは……。

これで芥川龍之介の『蜘蛛の糸』を思い出した。悪業のかぎりを尽くして世間から爪弾きされる男が、一つだけ蜘蛛を踏み潰すような殺生を犯さなかった。その男が、いよいよ往生際に救いを求めると、お釈迦様は下界に蜘蛛の糸を垂らして、その男に手を差しのべた。男が糸を伝って登ろうとすると、下のほうで悩める衆生が我先にと糸にぶら下がってきた。途中まで上がっていた男は「これは俺の糸だ。誰も登るんじゃない」と叫ぶ。その途端、糸が切れて男も地獄に堕ちていった。自分は、その男のようなのだろうか、それとも……。

そのようなことを考えていると、ひるがえって何かを見つめる自分の眼《まなこ》が、奥まったようにも感じる。目の前の物事をとらえるにも、その奥にあるものを見つめようとする姿勢というか、それとも感受性が鋭く豊かになったとでもいおうか、そういう見つめ方に変化した。

そうか、外界は、そもそも私となんら関係なく時の流れを刻んでいるだけ。地球自然も、大昔からなんら変わりはしない。ただ、自分が変わっただけ、自分の見方が変わっただけなのだ。

それだけで、世界が違って見えるから不思議だ。

そのように幅広く、奥深く、細やかに物事を見つめると、何もかもが面白く、嬉しく、楽しく、そうして豊かな気分になってくる。

裏返せば、それだけ私たちの周りに広がっている世界が、なんと幅広く、奥深く、細やかであることか。そのことを、いちいち確認して、驚かされる。

その私たちが生きている世界のことに、どこからでもいい、ちょっと首を突っ込んでみれば、汲めども尽きぬ泉のように、とめどなく興味が沸き上がってくる。

その一つひとつ、どれか一つでもいい、興味の源泉を探るかのように洞穴に入ってみると、めくるめく彩り豊かな世界が広がっている。そういう世界を、もっと知ってみたい。知らないで寿命を終えるのは、この世に生を享けた人間として、あまりにもったいない話だ。

そのためには、生来のジェネラリスト的な体質という自分の個性を大切にしつつ、興味や関心のおよぶ何事に対しても、目先を広く、目線を細かく、その奥までをも見つめようとする姿勢を大事にしたい。

唱歌や童謡まで

目先が広がり、目線が細かくなってみると、ふだん目にしない物も目に飛び込んでくる。

あれは、七月二十日の「海の日」のことだった。たまたまの思いつきで、江戸時代に遣欧使節が渡欧すべく利用した帆船のモデルが係留されていると聞き、新橋駅から新交通システム「ゆりかもめ」に乗って出かけてみることにした。

開通したばかりの「ゆりかもめ」の新駅がどこにあるのだろうと、教えられるままに新橋駅の東口に出た。すると、目の前に「鉄道唱歌の碑」なるものが立っていた。

ふだん仕事で新橋駅を利用することが少なくないが、たいていオフィス街に開けた西口に出ることが多い。その西口の駅前広場にはＳＬ機関車が鎮座ましましていて、いつも目にしていた。ところが駅の反対側に、じつは鉄道唱歌の碑があって、東・西セットで、新橋駅が日本の鉄道の起点であったことを象徴しているわけだ。

「♪汽笛一声新橋を　はや我汽車は離れたり　愛宕の山に入りのこる　月を旅路の友として　♪……」

♪汽笛一声新橋を……の「鉄道唱歌の碑」

その刻まれた歌詞を目で追いながら、いつしか口ずさんでいた。

ちょうど読売新聞の日曜版で、『うた物語』と題して唱歌や童謡について連載中だった。それを毎週日曜日に切り抜いた。さらに、まさに病膏肓《やまいこうこう》に入るのたとえどおり、ＮＨＫが以前に放映した『美しき日本のうた』というビデオ全六巻まで買い込んできた。

春夏秋冬すべての季節をカバーしている美しい山河の映像を背景に、素朴な旋律にのって壮麗な歌詞が流れる。やはり幼くしてインプリンティングされているのか、それぞれ自然に口をついて歌ってしまう。

ある詩人が「童謡は人生で三度の出番がある」と語ったそうだ。まずは子どもの心の糧として、次いで大人の慰めとして、そして老年の懐旧としてだとか。もちろん私の場合、一番目ではないだろう。いま私は二番目なのか、それとも三番目か。

東京都内には、ほかにも唱歌や童謡のスポットが数多くある。たとえば駒込の吉祥寺には『鯉のぼり』の歌碑がある。そこを訪ねたとき、ほど近くにあった実家に住んでいた子どもの頃を思い出して、なぜか涙が出た。

浅草の浅草寺には『鳩ぽっぽ』の歌碑があるが、いまなお隣接する観音様に鳩が群れていて、その昔もさぞやと想わせるのも一興である。

そのついでに隅田川の河畔に出た。

往時ののどけさこそないが、何かしら郷愁めいたものを感じた。桜が満開を過ぎていて、舞う花びらに霞んで『花』の歌碑が立っていた。

春のうららの、で始まるあの武島羽衣の見事なまでに抒情的な詩が、『荒城と月』とうって変わった滝廉太郎の調べにのって、河畔を彩る。

その歌を口ずさむと、急に両親のことを思い出した。じつは父も母も江戸は下町の生まれで、両親とも「隅田川は故郷のようだ」と語っていた。父は、この川にひときわ思い入れがあったようで、ここで水府流泳法の指南免許を取ったとか。また関東大震災のときには、猛火の中を泳いで渡ったそうだ。

そんなことを、すっかり忘れていた。たしかに私は浅草界隈に住んだことはなく、また子どもの頃に酒田に疎開したり父の転勤で柏崎に住むようになって、隅田川とは縁がなかった。わずかに、のし泳ぎとも呼ばれる水府流の泳法を新潟の海で父に習い、その際に父の口から水府流の指南免許を取った「隅田川」の名が出たことを記憶していたくらいだ。

大学生になって東京へ出てきて、そして仕事の場を東京に得て住むようになった。しかし、ひたすらモーレツサラリーマンとして働き、隅田川の名は、その他の地名と同様に不動産業務の物件として頭にインプットしていたにすぎない。

その地名が、唱歌や童謡を口ずさむようになって、にわかに命を吹き込まれ、幼いときの記憶とともに蘇ったのである。

とうとう子宮に回帰したのだろうか

幼い頃の思い出に浸りながら、吾妻橋に立っていた。川上を見れば東武線の鉄橋の向こうにある橋の名が「言問《こととい》橋」だという。

「名にしおはば　いざ言問はむ　都鳥　わが思ふ人は　ありやなしやと」

その伊勢物語にある在原業平の歌が、そうか、この橋のネーミングの謂《い》われなのか。

吾妻橋の下から遊覧船が出ていたので、これに乗った。船は、東京湾に向かって下る。駒形橋、厩《うまや》橋、蔵前橋、両国橋、新大橋、清洲橋、永代橋、中央大橋、佃大橋、勝鬨《かちどき》橋を次々とくぐる。一つ、二つ新しく付けられたのであろう名前があるが、ほとんどが何か曰《いわ》くがありそうなネーミングばかりである。いずれも江戸の興趣を想わせるので、そのうち調べてみよう。

船は浜離宮から、日の出桟橋に着いて、隅田川下りの短い船旅は終わる。浜離宮では下船できる。そこで、もと徳川将軍の鷹狩りの場だったのを甲府藩主の松平綱重が幕府から下されて別邸とし、その庭が明治時代に皇室の離宮になったとかいう、その親水公園にて、中の島の茶屋で抹茶を所望して一服する。

すると、すぐ傍の高架を、あの新交通システム「ゆりかもめ」が滑るように走って行くのが見えた。

そうか、隅田川下りの船中で、業平が詠んだ「都鳥」とは学名「ユリカモメ」というのだとアナウンスしていたが、そこからネーミングされたのが「ゆりかもめ」か。そういえば、下る途中の川面を白っぽいユリカモメが飛び交っていた。

六歌仙の一人といわれる一方で近衛府の権中将として東下りしたことがあると伝えられる業平も、同じようにユリカモメを眺めたのだろうなと想像するのは、嬉しい。

ところで地名とか神社仏閣そのほか何かの名称は、必ず、曰くがある。それを調べてみると、その対象のルーツともいうべき謂われに辿り着いて、いちいちほーっと感動する。そうか、そういうことがあったのかと、古典を読むのにも似て、それが歴史を遡っていく楽しさであり、面白さだ。

そういう楽しさとか面白さが、還暦過ぎの私を若返らせてくれる。たとえば隅田川下りをしたおかげで、また新たに、あの川に架かる橋の名前の謂われを調べる嬉しい時間が持てる。これから過ごす刻《とき》を、また一つひとつエンジョイできる。

あれ以来すっかり隅田川の虜になり、何度も遊覧船に乗って、業平を想い、そして『花』を口ずさみながら幼い頃のことを想っている。

いや、そればかりではない。いろいろ自分の人生について考える、いい時間を持てる。たとえ短くても、あの川の流れに身をまかせての船旅は、じつに好きだ。

還暦を過ぎて、いま再び青春の性が源氏物語の世界でほとばしり、その受精卵が細胞分裂して、私の内に古典の世界が拓き、神社仏閣を巡る旅にも出た。身の周り近くに花鳥風月の世界が広がっているのを知ったことも、楽しい発見だった。

語学を通し、それぞれの国の人たちと付き合うことで、実際に地球上に広がっている世界を実感できる。どんどん自分の世界が拓けることで、嬉しくなってダンスを踊り、唱歌や童謡を歌った。耳にしたことのある「ビッグバン」というのは、まさにこういう状態をいうのではないかと思う。それは、ほんとうにエクスタシーのような快感だ。

その快感の中で、よくいう「童心に帰る」という程度のものではなく、その実感を正確にいえば、なにか母の胎内から生まれるような錯覚におそわれる。還暦過ぎて青春しているうちに、とうとう乳幼児にでも戻ったのだろうか。いや、子宮回帰でもしたのだろうか。

隅田川の川面に浮かぶ船は、父と母が童謡を歌いながら揺らす「ゆりかご」なのだろうか。

童謡に人生で三度の出番があるという先の詩人の言葉を反芻するとしたら、いまの私にとって童謡は、大人の慰めでも、老年の懐旧でもないのかもしれない。まさに本卦還りをして、あらためて心の糧にしているような気がする。

自分のルーツは何だろう

これまで「還暦」と称してきた。それを別ないい方をすれば、生まれ年の干支《えと》が再び巡ってくるという意味で「本卦《ほんけ》還り」ともいう。

これもまた旧暦の本で勉強して知ったことだが、ふだん私たちが何気なく「えと」と口にしているのは、俗に十二支のこと。十干《じっかん》（甲《こう》・乙《おつ》・丙《へい》・丁《てい》・戊《ぼ》・己《き》・庚《こう》・辛《しん》・壬《じん》・癸《き》）を五行（木・火・土・金・水）に配し、さらに陽を意味する兄（干《え》）と陰を意味する弟（支《と》）を当てて、甲《きのえ》・乙《きのと》・丙《ひのえ》・丁《ひのと》・戊《つちのえ》・己《つちのと》・庚《かのえ》・辛《かのと》・壬《みずのえ》・癸《みずのと》と称し、これに十二支を組み合わせて六十組とし、年・月・日や方位、時刻を表したのが、正しくいう干支《えと》のことである。つまり一巡して六十一番目に、最初の干支が再び巡ってくる。

私の生まれた昭和十（一九三五）年の干支は「乙亥《きのとい》」で、還暦を迎えた平成七（一九九五）年も乙亥。私は、亥である。猪突猛進するわけではないが、かつては砂漠だった地がいまは緑なす野っ原を、自分が躍動し飛び跳ねているような、そんな気になってきた。

隅田川の船の上で、あらためて本卦還りをした自分の「生」について考えてみた。あるいは、この世に二人といない「自分」という存在について静かに考えてみる。

きょう「私」が授けられた「生」を楽しく過ごしておられるのは、この世に「両親」という

干支五行配合表　（数字は順序を示す）

		1	11	21	31	41	51	61
木《き》-の	兄《え》-甲《きのえ》	1 甲子《きのえね》	11 甲戌《きのえいぬ》	21 甲申《きのえさる》	31 甲午《きのえうま》	41 甲辰《きのえたつ》	51 甲寅《きのえとら》	61 甲子《きのえね》
	弟《と》-乙《きのと》	2 乙丑《きのとうし》	12 乙亥《きのとい》	22 乙酉《きのととり》	32 乙未《きのとひつじ》	42 乙巳《きのとみ》	52 乙卯《きのとう》	
火《ひ》-の	兄《え》-丙《ひのえ》	3 丙寅《ひのえとら》	13 丙子《ひのえね》	23 丙戌《ひのえいぬ》	33 丙申《ひのえさる》	43 丙午《ひのえうま》	53 丙辰《ひのえたつ》	
	弟《と》-丁《ひのと》	4 丁卯《ひのとう》	14 丁丑《ひのとうし》	24 丁亥《ひのとい》	34 丁酉《ひのととり》	44 丁未《ひのとひつじ》	54 丁巳《ひのとみ》	
土《つち》-の	兄《え》-戊《つちのえ》	5 戊辰《つちのえたつ》	15 戊寅《つちのえとら》	25 戊子《つちのえね》	35 戊戌《つちのえいぬ》	45 戊申《つちのえさる》	55 戊午《つちのえうま》	
	弟《と》-己《つちのと》	6 己巳《つちのとみ》	16 己卯《つちのとう》	26 己丑《つちのとうし》	36 己亥《つちのとい》	46 己酉《つちのととり》	56 己未《つちのとひつじ》	
金《かね》-の	兄《え》-庚《かのえ》	7 庚午《かのえうま》	17 庚辰《かのえたつ》	27 庚寅《かのえとら》	37 庚子《かのえね》	47 庚戌《かのえいぬ》	57 庚申《かのえさる》	
	弟《と》-辛《かのと》	8 辛未《かのとひつじ》	18 辛巳《かのとみ》	28 辛卯《かのとう》	38 辛丑《かのとうし》	48 辛亥《かのとい》	58 辛酉《かのととり》	
水《みず》-の	兄《え》-壬《みずのえ》	9 壬申《みずのえさる》	19 壬午《みずのえうま》	29 壬辰《みずのえたつ》	39 壬寅《みずのえとら》	49 壬子《みずのえね》	59 壬戌《みずのえいぬ》	
	弟《と》-癸《みずのと》	10 癸酉《みずのととり》	20 癸未《みずのとひつじ》	30 癸巳《みずのとみ》	40 癸卯《みずのとう》	50 癸丑《みずのとうし》	60 癸亥《みずのとい》	

私の目標は干支の三巡り

存在があったればこそである。

　しかし、その父や母も、それぞれの両親が存在しなかったならば、この世に存在したはずがない。そうすれば当然のことながら、いまの「私」も存在するはずはない。

　少なくとも実感をもって存在したことを確認できる両親と、それぞれの祖父母を数えると、つまり六人が、この世に「私」を存在させるために関与していたということになる。

二代前に遡った祖父母四人が、またそれぞれに両親が存在しなければ、この世にはいなかった。つまり曽祖父母が、八人。三代前から数えると、十四人が関与し合って、いま「私」がある。

このように考えていくと、たとえば三十代前まで遡ったら、何人の「祖先」が、今日の「私」のために関与したことになるのであろうか。

そんな素朴な疑問から、久しぶりに「数学」というお蔵入りしていた教科を復習する羽目になった。疑問は、解かなければ気が済まない。

学校で算数ないしは数学の授業があって、難儀しながらも教科書とにらめっこし、たぶん公式などを暗記して試験の答案も曲がりなりに埋めていたのだろうと思う。しかし、こういうと賛同していただけると思うが、大きくなって、いったい難しい公式のどれだけを実生活で使ってきたというのか。

サラリーマン時代は、日常業務で難しい計算をしなければならない場面もなくはなかったが、それは専門家か部下に、またはコンピュータに任せて、事足りた。自分では、＋、－、×、÷と、簡単な加減乗除をするだけだった。財布を出して支払いをするにも、それ以上のことは必要なかった。

だから、数学という教科をとことん難しく勉強する必要がどこにあるのか、とさえ口にして憚らなかった。

そんなわけで数学を敬遠していたのだが、いまは、とにかく目の前に「三十代前まで遡って自分の存在に関与した人数を求めよ」という設問が用意されてしまったので、近くの本屋で高校生が使う教科書を買ってくることにした。そしてページをめくって、その計算をするのに適当な数式を探した。

そうして……世代数をnとして「$2^{n+1}-1$」とする公式を立ててみた。それで計算してみると、もう驚いてしまった。

十代前まで…………………………二、〇四七人
十五代前まで…………………六五、五三五人
二十代前まで……………二、〇九七、一五一人
二十五代前まで……六七、一〇八、八六三人
三十代前まで……二、一四七、四八三、六四七人

以上は自分を含めた数だ。もともと不得手な数学のことだから計算が間違ったかもしれないが、たぶん大丈夫だろう。とすると、三十代前まで遡ってみると、なんと現在の地球上に生きている総人口の、優に三分の一強に相当する数の二十億人以上の先祖が存在してはじめて、いまの「私」が存在することになる。う～ん。

この歴然とした事実の前に、けっして自分の「命」を粗末に扱ってはならないのだと、ほんとうに素直に心底から痛感した。

「三回の還暦」を目指す

「己が命を　おほにな思ひそ　庭に立ち……」

古《いにしえ》の文学作品『万葉集』十四巻に、そんな歌が載っている。はるか昔の人も「大切な自分の命を、あだや疎《おろそ》かにしないでくださいよ」と、現代人に呼びかけているような気がした。

わずか三十代を遡っただけで、自分の命に、なんと二十億人以上の先祖が係わっていることがわかった。

一方、私は地球上で現に六十億人余りいるという人口の中の一人で、しかも一人の寿命は限られたものでしかない。そういう現実がある。

私としては、どこまでも広がりと奥行きのある世界を、もっともっと覗いてみたい。しかし、こんなちっぽけな人間が、いったいどれほどの世界を覗けるというのだろう。

夏目漱石の『吾輩は猫である』を読んでいて、ふと、あることに思いついた。

たしか、それを小学生の頃に読んだような気がするのだが、あらためて読んでみて、その骨っぽい内容と筆運びに驚いた。だいたい作品に出てくる語彙が難しい。出だしの第一章からして獰悪《どうあく》（つまり性質が獰猛で凶悪なこと）ときて、さらに後架《こうか》（便所）、露華《ろか》（露の光）、漫罵《まんば》（みだりに罵ること）、喟然《きぜん》（溜息をつくさま）、奇警《きけい》（優れて賢いこと）といった読解が容易でない語彙が随所に散らばる。たぶん小学生の頃に読んだとしたら、それは学童向けに平易に訳されたものだったのだろう。

それはともかく、第七章に「猫」の面白い独白が出ていて、これは素晴らしい啓示だわいと独りほくそ笑んだ。

——猫の一生は人間の十年にかけあうといってもよろしい。我らの寿命は人間より二倍も三倍も短いにかかわらず、その短日月のあいだに猫一ぴきの発達はじゅうぶんつかまるところをもって推論すると、猫の星霜をおなじわりあいに打算するのははなはだしき誤謬である。……（中略）……主人の第三女などはかぞえ年で三つだそうだが、知識の発達からいうと、いやはや鈍いものだ。泣くことと、寝小便をすることと、おっぱいを飲むことよりほかには何も知らない。——

猫が生まれた直後というのは、漱石のいうとおりだろう。しかし成人いや成猫してのちの猫の一年は、人間でいうと四年に匹敵すると聞いたことがある。ここがポイントだ。

そうだ、私の還暦後の第二の人生は、猫式にいこう。

猫式で生きていけば、十五年が四倍の六十年に相当し、三十年の四倍だと、なんと「百二十年」になる勘定だ。

言い方を変えれば、六十年の四分の一で十五年、つまり六十歳から十五年後の七十五歳のときに、二度目の還暦を迎えることができる。そして次の十五年後の九十歳で、第三回目の還暦を迎えることができるはず。

私の父母は幸い健在で、平成十二年で父は満九十六歳、母は九十一歳だから、長寿系の血を受けて、三回目の還暦を迎える九十歳まで私は生きられるかもしれない。とすると、とりあえず私の余命は、ふつうの生物年齢で「三十年」というところか。いや、いま六十五歳になろうとしているから、残り二十五年。

よし、私は三回の還暦を迎えることにしよう。三回も本卦還りすることができるなんて、こんな幸せなことはない。

要は生き方、生きる中身だろう。最初の還暦を迎えるまでは、刻苦とか、反対に怠惰とか、いうなればワーカホリックの表と裏の症状から抜けきれなかった。

これからは、違うぞ！

ここまで書いてきた、まさにその瞬間である。たったいま九十一歳で存命だと書いたばかりの母が、心不全で亡くなったという電話連絡が飛び込んできた。とにかくペンを置いて、母の許に飛んで行こう。

古稀を目標に東大受験を

母を弔ってきたところで、いま再びペンをとることにした。少しばかり書き残している私の想いを記すためである。

それにしても、これを共時性というのだろうか。

いろんな世界を覗き、いろいろな旅をしてきて、そうして父や母のことを想って自分の「命」のルーツを考えるにいたり、そして父母に与えられた長寿の命を大事に、よし三回の本卦還りをしようと心に決めた、その途端である。ようやくお前は気づいたのか、と言い残すかのようにして、母が亡くなった。正直いって、いま私は怖いくらいの想いにかられる。とにかく母が気づかせてくれたことを実行するのが、母への供養だと思う。やらねばなるまい。

その気づいたこととは「私は、あと三回の還暦を迎えることができる」という一点である。すでに一回の還暦を過ぎたわけだから、あと二回の還暦を迎えることができる。そこで、まず第一段階として、二回目の還暦に向かってどう生きるか。そこが問題だ。

ところで一般に、還暦を人生の大きな節目とし、これ以降いろいろ節目を用意して、昔から人々はその都度これを迎えられたことを祝ってきた。

七十歳を迎えれば「古稀」、七十七歳で「喜寿」、八十歳で「傘寿」、八十八歳で「米寿」、九十九歳で「白寿」という具合に。それは、還暦後の年のとりかたを細かく区切って大事にしようという先人の知恵なのだろう。

そのうち古稀の由来が杜甫の有名な漢詩にあるのを、テレビで知った。

杜甫が生きた唐の時代は、盛唐ともいわれるが、内情は波乱含みで、この時代に有名な安禄山の乱も起きている。そういう世情に翻弄された杜甫は、唐の都、長安の東南端にある曲江《きょくこう》という池の畔で歌を詠む。

「朝より回りて日々に春衣を典し　毎日江頭に酔を尽して帰る　酒債尋常　行く処に有り人生七十年古来稀なり」

酔眼朦朧としたまま詠んだこの杜甫の「人生七十年古来稀なり」という一節から、後世「古稀」という言葉が定着したという。その杜甫自身は、望んだ古稀を迎えるどころか、五十九歳で生涯を閉じている。

よし私は、漢詩に出会ったよしみで、杜甫の願ったであろう古稀までを一つの節目として、まず猫式に生きていこう。

第一回目の還暦を迎えたのを機に、世界にはいろいろ魅力的な洞穴があることがわかった。その洞穴をあれこれ潜ってみたところ、知的好奇心が喚起され、そして多少なりとも満足することができた。

そういう旅をするようになったきっかけが、文字どおり還暦過ぎの気づきにあったのだが、しかし思い返してみると、あの鬱々とした思春期に、つまりは知的な餓えを積み残してきたままだったのではないかという気がする。

私の知的欲求が、あらためて第一回目の還暦で点火されたようだ。

そして好奇心がおもむくままに、いろいろな洞穴に潜って、まったく単純素朴に、いちいち新鮮な感動に襲われ、そして知らないことを知って喜び、わからないことをわかって面白がる、と、そういう日々を送ることができた。

それは、しかし……ひょっとしたら上っ面だけをなぞっていただけかもしれない。どんなに深掘りしようとしても、その掘り方、洞穴の潜り方を正しく知らないために、せいぜい浅掘りしていただけなのかもしれない。あるいは、もったいなくも見落としていることがいっぱいあるのではないか。

なにも効率的にと、ワーカホリック時代に唯一無二とした物差しを当てはめるつもりはないが、そうではなくて適切かつ的確な羅針盤と水先案内人を得て、より多くのことを学べるようでありたいと願う。正しき道筋で歩めば、ひたすら我流に突き進むだけでは見落としてしまうかもしれない発見もたくさんあるだろう。

四倍も充実した猫式の生き方をするには、適切かつ的確な羅針盤と水先案内人を得たい。そこで思いついたのが、古稀七十にして、最高学府としての東京大学に受験しようという企みだ。

もし幸いにして望みが叶ったら、多くの師の謦咳に接して、興味なお尽きない分野で適切かつ的確に深掘りし、たとえば「なぜ日本人は固有の神道を持ちながら、他の国々のように血なまぐさい宗教戦争をすることなく、伝来の仏教と習合し、共存できたのだろうか」といった内容で、論文の一つも書いてみたいものだ。

そういう論文が書けるとしたら、おそらく生物年齢で七十五歳ちかくになっているはず。つまり、二回目の還暦を迎える時期だ。

ゴルフなんかやってられない

『方丈記』の鴨長明は、大原や日野に庵《いおり》を結んだ。『徒然草』の吉田兼好も、吉田に庵を持った。いずれも京都の市街からさほど離れた場所ではない。そういう所に、いつか私も自分の庵を結びたいと思っていた。

ところが、いま私は、東京でも繁華街の一つ、湯島の一画に「庵」を持つようになってしまった。ここが、私の新しい人生に旅立つ基地になっているし、また学習室にも書斎にもなっている。

　源氏物語に再会して以来、私は無類の書籍好きになってしまって、書店で立ち読みしていて、気に入るとすぐ買ってしまう。源氏物語の後も次々と興味の対象が広がった。その関連の書籍が家に山積みするようになってしまい、妻が、このままでは家が潰れてしまうと悲鳴をあげた。そこで、ちょうど私が所有していた湯島の飲み屋雑居ビルの地下の一室が空いたのを機に、そこへ自分で入り込んでしまったのである。

　吉田兼好も、庵から、しばしば競馬を見に行ったと自分で語っている。その生臭さに、なんともいえず親近感をおぼえる。私の庵の周囲が飲み屋だらけで、その誘惑に、ときには身をまかせるのも、自称「出家」のわが身には相応しい修行というものだ。

　地下室のその一室の扉には、その名も「方丈・光輪庵《こうりんあん》」というネームプレートが掛かっている。中には飲み屋と間違えてドアを開ける人もいるが、そのネーミングから、たいていの人は、たぶん胡散臭いと敬遠するようだ。

　ところで「光輪庵」とは、大好きな富士山に関連して命名したものである。すなわち、富士山を専門に撮影しているロッキー田中という写真家と知り合いになったのだが、彼の「光輪」と名づけられた素晴らしい富士山の写真を買い受けることができて、それを飾っているからである。

（写真・ロッキー田中）

「光輪」と名づけられた「ダイヤモンド富士」の一瞬

富士山の山頂から太陽が昇る光景を「ダイヤモンド富士」という。その光景を見られる最高の場所が田貫湖《たぬきこ》だといい、その田貫湖から年に二度だけしか撮ることのできないシャッターチャンスを、陽春四月の某日、ものの見事にとらえた素晴らしい写真だ。一番目立つ場所に飾ってある。

この庵は、私がサラリーマン現役の頃に、もっとも仕事で深掘りしたと思っている湯島ハイタウンという作品の、すぐお膝元にある。

その湯島ハイタウンの向こうには、これから目指したい東京大学の本郷キャンパスがある。

後光のように光り輝く富士山の写真に見つめられながら、ここを拠点に、第二、第三の還暦を迎える準備をしようと思う。

これからまだまだ勉強して、もっと真に世界を知ってみたい、そういう意味でずっと人生現役でいたいと願う私にとっては、ここは象徴的な場所だと、この庵がとても気に入っている。

先日、いまの私をついぞ知らない昔の友人から、ゴルフに行こうよと誘われた。昔は、私もゴルフ大好き人間だった。しかし、丁重に断った。

いま私は、とても時間がもったいない、もっともっと時間が欲しいという心境である。もうゴルフなんかやってられない気持で、ゴルフバッグは封印してしまった。

うん、この調子なら、飲み屋街のネオンの誘いにも、へたに挫けることもあるまい。

現場に身をおく

少々現実に戻ってしまうが、いわゆる「仕事」を、いまなお私はやっている。それは、現実問題として、やはり収入が必要だからでもある。日銭に困るわけではないが、やはり私の還暦後の旅には、少なからぬ出費がかさむ。

いや、この年になってなお、私は働くことが好きなのであろう。周りが放っておかないというのも、世俗人間の私には嬉しいのかもしれない。つまり、現役だ。

ただし「現役」とはいうものの、私自身の気の持ちようも以前とは異なるし、じつは息子もその中に含まれるのだが、零細とはいえ何人かの抱えている若い働き手に接するに、その姿勢や態度が違ってきていると思う。

私は光輪庵を、原稿執筆の場ともしている。先にも述べたが、月刊『REALITY TIME』という定期刊行物の連載記事「不動産よもやま時評」を担当している。その原稿を書くのに、ここ光輪庵は絶好の情報発信基地なのである。

毎月、四百字にして七枚前後の原稿を書くのだが、けっこうボリュームがある。それだけの枚数を、時局に合った不動産のテーマ一つで埋めるのはたいへんだ。そこで私の採る手法は、この光輪庵に埋まるほどある古典などから、連想ネタを掘り起こして、それを枕に書き出すわけだ。

現代は情報化社会で、とくにビジネス社会に身を置いていると、毎日まいにち流れてくる大量の「情報」に圧倒される。不動産の世界でも例外ではない。情報という情報が玉石混淆で押し寄せてきて、選り分けに困ってしまう。しかし私は、いかにインターネットの情報網が発達しても、現地調査という目視を怠ってはならないと主張する。不動産情報にかぎらず何でもそうだと思うが、本当に対象を知ろうとしたら、百聞は一見に如かずである。

以前からそう思っていたことも確かだが、それはビジネス上のノウハウとして、つまりはマニュアルとしてインプットしていたにすぎないと思う。

だが、それこそ真理、哲理だと、すとんと私の肚におさまったのは、還暦を過ぎて鴨長明の『方丈記』を読んでからのことである。そこで私の原稿を、たとえば、こういう書き出しで始めることにする。

長明は、若き日々に経験した安元《あんげん》の大火、治承《じしょう》の辻風(竜巻)や遷都、養和《ようわ》の大飢饉、元暦《げんりゃく》の連続地震などを書いているのだが、それを伝聞としてではなく、すべての現場に自分の足で駆けつけ、自分の目で確認していることとして克明に記録している。

たとえば安元の大火については「火元は樋口富小路とかや。舞人の宿せる仮屋よりいでにけるとなん」と、野次馬のように現場で火元まで見届けている。当時の火災の状況を「遠き家は煙にむせび、近き辺はひたすら焔を地に吹きつけたり」と記すのは、現場を確認しなければ書けないことだ。そして……「その中の人、うつし心あらむや(生きた心地がしただろうか)」と、まるで当事者のように慨嘆している。

物件調査というのは、かくあるべしと思う。新聞記者が「足で書け」とハッパかけられるのも同じだろう。ビジネスの鉄則である。見てこそ対象は新鮮であり、それだけ物件は一つひとつ個別性が強い財なのである。ビジネスマンたるもの、その鉄則を忘れては、悔いをみる。後悔先に立たずである。

そんなふうに私は原稿を書き進める。

そして、いまなお現役で実際に物件調査する折りには、おこがましくも私は長明にならって、貪欲にも、必ずその周辺の神社仏閣を訪ねるように努める。神社もさることながら、名刹、古刹の仏閣は、日本全国けっこう数多くあって、それらを実地調査し、まだまだ勉強したいからだ。だから、いまでも仕事としての物件調査を、わくわく率先して引き受けている。

古典に学ぶとしたら、幾星霜を生きた人間の叡智がこもっているであろう、その現場に身を置いてみるのが一番だ。そうして想像をたくましく当時の状況に想いを巡らし、自分で歴史のドラマをなぞってみることだと、私は思う。

そういう血肉となった道筋のつけかたを学ぶことで、古典を自分のものにすることができるのではないかという気がしている。古典ばかりではなく何事においても、学ぶというのはそういうことなのかもしれない。

まだ還暦を一回しか迎えていない未熟者ゆえ、そのようにして、もっと貪欲に先人の叡智を学びたい。

謙虚に生きたい

間もなく私は六十五歳、一度すでに本卦還りして、五年たった。五年といえば、中身としてはその四倍の、つまり二十年。振り返ってみると実際、あの源氏物語に邂逅した日から、たしかに四倍の濃密さで生きたような気がする。

いま私は第二の人生の、ようやく成人したばかり。その第二の人生がどのようになっていくか、自分でも皆目わからない。いい意味でケセラセラ、なるようになると思って、まだ洞穴を潜ったり、洞窟を覗いたり、自然体でいようと考えている。

ほんとうに私の人生がどうなっていくのか、生物年齢で六十五歳になってなお白紙というのは、まことにもって不徳のいたすところだが、それが正直な気持である。

六十五歳といえば、もう好々爺然としている人もいよう。あるいは、それまで歩んできた人生の重みをもって一家言ある人もいよう。

しかし私は、なお貪欲に、新しく求めることが一杯あると思っている。まだまだ、第二の還暦を迎えるまでに時間がある。

テレビを観たりラジオを聴いたりするのがすっかり癖になって、自分の関心がある番組だけでは飽き足りず、つい他の理数系の講座を、なにげなく見聞きすることがある。それらテレビやラジオの理数系の番組が、思わず耳目をそばだててしまうほど面白い。

前に「三十代前まで遡って自分の存在に関与した人数を求めよ」という自分で立てた設問に答えを出そうと、珍しく数学の教科書を買ってきてページをパラパラめくった話をしたが、ちょうどその頃だったと思う。

たまたまＮＨＫテレビで早朝にやっている「数学」の番組に目をやっていた。朝六時から三十分の時間帯では火曜日に「英語」を放映していて、それが私の定番である。じつは曜日を間違えたのだが、せっかくだからどんなことをやっているのかと、しばらく視線をブラウン管に向けていたのである。

ところが、これが存外に面白い。たまたま見ていたものは途中の課程だったので、では少し基礎からかじってみるかと軽い気持で、ラジオの番組を基礎からフォローしてみることにした。「数学Ⅰ」の講師は秋山仁という先生。その秋山センセイのしゃべりが絶妙だった。軽妙洒脱で人を逸らせない。また内容も、実際的な面白い例を引き、そして難しい公式も、こんな簡単でわかりやすいことだったのかと、目からウロコが落ちるような講釈である。

これで私は、はまってしまった。後で聞くと、その秋山仁という人は、その世界では知らない人がいないほどの名物先生だとのこと。こんな先生に教わっていたら、自分も数学が嫌いになることはなかったろうに……とは、またまた責任転嫁であって、自分の怠けたことを棚に上げてはいけない。とにかく数学Ⅱ、Ⅲそれぞれに面白く、どんどん進むのにもついていけた。

次が「物理」である。若い聡明そうな女性アシスタントが彩りを添えてくれて実験を見せてくれるから、まだ枯れていない私なんかは思わず身を乗り出してしまう。以下、詳しくは省略するが、亀の甲でうんざりした記憶のある「化学」も、実験中心に同じように面白く授業が進む。

まことに興味深く取り組むことができたのは、「生物」と「地学」だった。とくに花鳥風月に発して、ことさら月のことを旧暦なども繰りながら調べた私のこと、これは学校時代に選択したことのない地学だけに新鮮に深入りできた。

地学といっても、地球、大地、地表、海洋といった、文字どおり「地」の学問ばかりではなく、大気や、そして「新しい宇宙像」などといった講座もあって、私を天文学の世界にも誘ってくれる。

まさしく私の「世界」を、地球規模、宇宙規模にまで、広めてくれるのが地学だ。そうか、これが本来の「勉強する」ということなのかと、還暦を過ぎて知った。こういう世界を、地球を、宇宙を知る喜びを、子どものうちに感じ取っていたら、もっと楽しく学校での勉強をできたのに……と思う。

いや、やはり還暦過ぎだから、その面白さがわかるのかもしれない。

地学を勉強していて、学問的にとらえると四十六億年前にビッグバンで地球が生成したと、なるほどそういうことかと知る。では、その学問的な成果が、古事記や旧約聖書でいう地球創世の神話と大筋でどう重なるのか、あるいはディテールでどう違うのか、それは何故なのか、と、こんどは神話の成り立ちとも関連させて、じつに多くのことを想像させてくれる世界が広がっていた。

一方、生物では、生命が誕生したのは、三十数億年前の海の中で、それはバクテリアだったと教えてくれる。それは、海面下二十メートルで発生したという。それより深い所では、太陽の紫外線が届かないからだそうで、つまり光合成の条件が整わない。

というわけでバクテリアは、気の遠くなるような長きにわたって光合成を行い、地上に満ちていた窒素と炭酸ガスを吸収して、代わりに酸素を放出していく。その酸素によって大気中にしだいにオゾン層が形成されていく。

オゾン層によって、過剰だと生命活動には有害となる紫外線が抑えられ、片や生命活動をうながす酸素によって、地表付近には樹木が生えだし、また海中には三葉虫などの動物が発生する。

さらに、さらに、哺乳類が誕生するまでに、さんざん紆余曲折するドラマがあって……と、やがて人類誕生を迎えるという。類人猿というか、人類の祖先がこの世に生まれたのは、たかだか四百万年前にすぎないと、知った。

地学や生物学の授業で、そうしたことを知って、ほーっと感心していたところへ、こんどは別な授業で、つまり英語の番組だったが、レーチェル・カーソンの『沈黙の春』という作品を題材に講義が進んだ。ご存じの方も多いかもしれないが、それはＤＤＴの毒性とその汚染を告発したものである。

私と同年輩の世代は、戦後、小学校や中学校で、いっせいに白いＤＤＴの粉を頭からぶっかけられた、あのなんとも嫌な体験があるはずだ。頭や体にたかっている虱《しらみ》や蚤《のみ》を駆除するという目的でのことだった。

あれは、いくら衛生のためとはいえ、いま考えると私たちを人間扱いしていなかったように思い出される。道路や家の中を消毒するのと同じ感覚だ。

レーチェル・カーソンの告発は、遅まきながら、私たちの溜飲を下げる内容だった。この告発に、化学・製薬会社は、猛烈な圧力をかけたらしい。しかし屈することない彼女の告発を、とうとうケネディ大統領がバックアップするようになって、ＤＤＴその他の有害物質を地球上から無くしていこうという気運が、徐々に盛り上がっていくことになる。

その英語の授業、つまりレーチェル・カーソンから、私は、ちょうど世間で騒がれだした「地球環境問題」に感心を持つようになった。

多くの企業で、エコロジー製品を作って売ろうとか、環境ＩＳＯという規格の認証を取得しようとか、いろいろ取り組むようになってきているようだ。しかし、それが「世間がうるさいから」とか「無関心では欧米が取り引きしてくれないからだ」とか、そういう感覚でしかないのは、残念ながら何人もから実際に話を聞いて、事実だというしかない。

地球環境問題には、地球の大気が温暖化して海面が上昇するという深刻な問題がある。海面が上昇すれば、南太平洋やインド洋などの小さなサンゴ礁の島々（つまり国々）は海面下に消えてなくなるし、東京の下町ほか世界の人口稠密《ちゅうみつ》地域に多い海抜ゼロメートル地帯も水没してしまう。それなら海岸線一帯に堤防を張り巡らせばいいじゃないか、そのほうがＧＤＰも上がるし景気刺激になってなおよい、ということを真顔で口にする建設関係者がいたのを知っている。

そういう人たちと私は違うと自分を高みに置くつもりはないが、私の場合は、たとえば地学や生物学で、地球の成り立ちや生命誕生の、もう小さな人間がひれ伏すしかない、気の遠くなるような時の経過と空間の広がりという、その積み重ねを学んで、少なくとも自分は謙虚でありたいと思うようになった。

先だって、久しぶりに柏崎に行った。そして父に水府流の泳ぎを教わった懐かしい海岸に出てみると、かつての白砂青松の風情はどこへやら、波打ち際がテトラポッドで埋め尽くされていた。これは温暖化による海面上昇というより、直接的には地球レベルでの地殻変動と大陸プレート移動が影響して日本海側の海岸線が浸食されていることへの対策らしいが、それでも人間がやることというのは、こういうことしかないのか。人間の英知というのはこれほどのものでしかないのかと、情けなくなってしまう。

自分一人ででも、せめて少しでも、と停車している間はアイドリング・ストップしている車に戻って、とても悲しくなった。

たとえば「地球を救え」とか「環境に優しく」という言葉を、私は安易に口にする気にならない。地球(環境)は、時計の針でいえば、まだ生を享けて最後の数秒くらいにしか当たらない人間などとは関係なく、何十億年というオーダーで生き続けているのである。

つまり、その地球環境を人間が汚染しようというのなら、破壊される前に地球は、人類を地球上からはじき飛ばしてしまうだろう。人類は、自分たちで、自分たちが生きられないような地球環境にしようとしているだけだ。地球人類が滅びてしまっても、地球は、なお存在し続けるであろう。

いま叫ばなければならないとしたら、傲慢不遜に地球のことをどうのこうのいうのではなく、とどのつまりが自分の足元を見て「地球人類を（自ら）救おう」と、自分の生活や生き方を見直すことではないのか。

そういうことを、学んだ。生来の陽気さや元気印という私の性格の印象は変えようがないが、いま私は、内心とても謙虚に生きたいと願っている。還暦を過ぎて自分から生き方を変えたいと思うようになったとしたら、その一点である。

繰り返すが、第二の本卦還りをどのように迎えるのか、それからの第三の人生をどう送るのか、さらには第三の本卦還りをどのように迎えるのか、まったくわからない。

しかし、それらを、いずれも謙虚に受け容れていこうと思っている。そういう自然体でいられることが、いま、何より私を至福の境地にしてくれる。少なくとも還暦を過ぎて五年、そのような自分でいられるようになったことが嬉しい。

私の生きがい（よりどころ）

切り取り線

あなたにお願い

この本をお読みになって、あなたは何をお感じになりましたか。

さて、あなたの現在の生きがい（よりどころ）は何ですか。それを原稿用紙にお書きのうえ、このページを切り取り弊社までお送りください。

なお、インターネットをお使いの方は弊社のEメールアドレスにあてて、「私の生きがい」論をお送りください。ホームページ上で公開させていただきます。

〒162-0805 東京都新宿区矢来町122 矢来第二ビル５F
風雲舎
URL http://www.fuun-sha.co.jp/
E-mail info@fuun-sha.co.jp

住所

なまえ

年齢

職業

佐藤正和（さとう・まさかず）

昭和10（1935）年東京生まれ。空襲を避け、少年時代を山形、新潟で過ごす。新潟県立柏崎高校、中央大学法学部卒業。昭和40年、藤和不動産(株)に入社。オイルショック後、業界に先駆け、税制特例を加味した「等価交換方式」(SDシステム）を編みだし、一躍不動産業界にその名を馳せる。常務取締役で同社を退社。ミサワホーム(株)常務取締役を経て、平成７年、(株)ビジョンクエストを設立、現在同社代表取締役会長。還暦を前後に、仕事一筋の自分の過去を振り返り、人生の虚しさを痛感。あるとき天啓を得て、人生の生きがいと楽しみを求めるようになった。ここ数年来感じていた「人生、還暦過ぎが本番だよ」との想いが本書に結実した。著書は、『実戦向け等価交換入門』・基礎編・応用編（有朋社）『不動産財テク原論』（自由国民社）『等価交換の実務と運用Ｉ・II・III』（住宅新報社）など、不動産分野のものが多数。

定年《ていねん》になった。人生《じんせい》、寝《ね》る間《ま》もないほど面白《おもしろ》い！

初刷　二〇〇〇年十一月十日

著者　佐藤《さとう》　正和《まさかず》

発行人　山平松生

発行所　株式会社　風雲舎

〒162-0805 東京都新宿区矢来町122　矢来第二ビル

電話　〇三―三二六九―一五一五(代)

ＦＡＸ　〇三―三二六九―一六〇六

振替　〇〇一六〇―一―七二七七六

URL http://www.fuun-sha.co.jp/

E-mail info@fuun-sha.co.jp

電子組版　スタジオシード（瀬川 清）

印刷　株式会社 堀内印刷所

製本　株式会社 難波製本

落丁・乱丁本はお取りかえいたします。（検印廃止）

ISBN4-938939-21-5

風雲舎の好評既刊

気功的人間になりませんか

……【ガンとどうつき合うか】ガン専門医が見た理想的なライフスタイル……

帯津三敬病院院長　帯津良一

同じ病いを得ながらも、ある人は逝きある人は帰還する――。がん患者を診つづけた医者の目に映じたもっとも理想的なライフ・スタイル「気功的人間」への薦め。「気功的人間」とは、気功三昧に明け暮れるのではなく、日々是好日とばかりに、いつも自分の内なる生命場のポテンシャルを高めようとする人のことだ。

四六判上製◉〔本体1600円＋税〕

人生のチェックリスト

……新しい自分を発見する本……

リン・マクフェルミー〔著〕　菅　晴彦〔訳〕　桐島洋子〔解説〕

アメリカで30万人が読んだベストセラー。これからの人生のために、いまのあなたを見つめ直してみませんか。

A4変型上製箱入◉〔本体2400円＋税〕

沈むアメリカ・浮上する日本

……「円高・株高・景気回復」のミレニアムへ……

時事評論家・国際金融スペシャリスト　増田俊男

異色の国際金融アナリストが書き下ろした日本・アメリカの近未来論。ひとり大繁栄を謳歌しているアメリカが、内部矛盾をぎりぎりまで増大させて先が見えたと喝破する！

四六判上製◉〔本体1500円＋税〕